新时代小学
校园足球游戏理论与实践

黄　伟◇编著

参编人员：詹维鑫　郭耿阳　王亚强　刘　磊
　　　　　巩莲莲　张永刚　王卫东

广东高等教育出版社
Guangdong Higher Education Press
·广州·

图书在版编目（CIP）数据

新时代小学校园足球游戏理论与实践/黄伟编．—广州：广东高等教育出版社，2020.8
　　ISBN 978-7-5361-6665-3

　　Ⅰ．①新… Ⅱ．①黄… Ⅲ．①足球运动-教学研究-小学 Ⅳ．①G623.82

中国版本图书馆 CIP 数据核字（2019）第 296570 号

出版发行	广东高等教育出版社
	地址：广州市天河区林和西横路
	邮政编码：510500　电话：（020）87553335　38493773
	http：//www.gdgjs.com.cn
印　刷	广东信源彩色印务有限公司
开　本	787 毫米 × 1 092 毫米　1/16
印　张	8.25
字　数	200 千
版　次	2020 年 8 月第 1 版
印　次	2020 年 8 月第 1 次印刷
定　价	25.00 元

目　　录

第一篇　理论篇 ……………………………………………………………… 1

第一章　小学校园足球基本理论 …………………………………………… 1
第一节　有关体育方面的论述和校园足球 ……………………………… 1
第二节　人的全面发展和校园足球 ……………………………………… 3
第三节　小学校园足球文化 ……………………………………………… 10
第四节　小学校园足球的育人价值和可持续发展 ……………………… 13

第二章　小学校园足球游戏训练的过程和原则 …………………………… 19
第一节　小学校园足球游戏训练过程 …………………………………… 19
第二节　小学校园足球游戏训练原则 …………………………………… 28

第三章　小学校园足球游戏分类及形成规律 ……………………………… 35
第一节　小学校园足球游戏分类 ………………………………………… 35
第二节　小学校园足球游戏教学形成规律 ……………………………… 44

第二篇　技术篇 ……………………………………………………………… 54

第一章　水平一（一、二年级）…………………………………………… 54
第一节　球性、球感练习 ………………………………………………… 54
第二节　脚背正面颠球 …………………………………………………… 58
第三节　脚内侧踢球 ……………………………………………………… 60
第四节　脚掌接球 ………………………………………………………… 62
第五节　脚背正面运球 …………………………………………………… 65
第六节　脚内侧运球 ……………………………………………………… 66

第二章　水平二（三、四年级）…………………………………………… 68
第一节　大腿颠球 ………………………………………………………… 68
第二节　脚背内侧踢球 …………………………………………………… 70
第三节　脚内侧接球 ……………………………………………………… 71
第四节　脚背外侧接球 …………………………………………………… 73
第五节　脚背外侧运球 …………………………………………………… 75

第三章　水平三（五、六年级） ………………………………………… 78
第一节　头颠球 …………………………………………………………… 78
第二节　脚背正面踢球 …………………………………………………… 79
第三节　脚背外侧踢球 …………………………………………………… 81
第四节　胸部接球 ………………………………………………………… 82
第五节　运球过人 ………………………………………………………… 85
第六节　前额正面头顶球 ………………………………………………… 89

第三篇　比赛战术篇 …………………………………………………… 93
第一章　进攻战术 …………………………………………………………… 93
第一节　个人进攻战术 …………………………………………………… 93
第二节　"一对一"进攻战术 …………………………………………… 99
第三节　"二过一"战术配合 ………………………………………… 102
第二章　防守战术 ………………………………………………………… 104
第一节　个人防守战术 ………………………………………………… 104
第二节　守门员防守 …………………………………………………… 105
第三节　"一对一"防守战术 ………………………………………… 109
第四节　局部防守战术 ………………………………………………… 111

第四篇　体能及营养篇 ………………………………………………… 112
第一章　身体素质 ………………………………………………………… 112
第一节　肌肉锻炼练习 ………………………………………………… 112
第二节　耐力训练 ……………………………………………………… 113
第三节　协调训练 ……………………………………………………… 114
第四节　弹跳训练 ……………………………………………………… 115
第五节　变向训练 ……………………………………………………… 115
第二章　营养及伤病 ……………………………………………………… 117
第一节　营养摄取——运动中 ………………………………………… 117
第二节　伤病处理——比赛中的PECH原则 ………………………… 117

第五篇 比赛规则篇 ·· 119

第一节 比赛场地 ·· 119

第二节 比赛用球 ·· 120

第三节 关于越位 ·· 120

第四节 犯规处罚——不利变有利 ································ 121

第五节 个人处罚 ·· 122

第六节 规则示例分析 ·· 123

参考文献 ·· 124

第一篇　理论篇

第一章　小学校园足球基本理论

第一节　有关体育方面的论述和校园足球

一、体育强国论述

国家主席习近平在不同场合的重要讲话都体现了他体育强国的思想。体育代表着青春、健康、活力，关乎人民幸福，关乎民族未来。2017 年 8 月 27 日，习近平在会见全国体育先进单位和先进个人代表等时强调体育承载着国家强盛、民族振兴的梦想。[①] 体育强则中国强，国运兴则体育兴。要把发展体育工作摆上重要日程，精心谋划，狠抓落实，不断开创我国体育事业发展新局面，加快把我国建设成为体育强国。体育是社会发展和人类进步的重要标志，是综合国力和社会文明程度的重要体现。体育在提高人民身体素质和健康水平，促进人民的全面发展，丰富人民精神文化生活，推动经济社会发展，激励全国各族人民弘扬追求卓越、突破自我的精神方面，都有着不可替代的重要作用。

加快建设体育强国，就要把握体育强国梦与中国梦息息相关的定位，把体育事业融入实现"两个一百年"奋斗目标大格局中去谋划，深化体育改革，更新体育理念，推动群众体育、竞技体育、体育产业协调发展。

加快建设体育强国，就要坚持以人民为中心的思想，把人民作为发展体育事业的主体，把满足人民健身需求、促进人的全面发展作为体育工作的出发点和落脚点，落实全民健身的国家战略，不断提高人民的健康水平。把群众性体育纳入全运会，组织人民群众广泛参与，发挥举办全运会的作用。

---

① 新华网. 习近平：开创我国体育事业发展新局面　加快把我国建设成为体育强国［EB/OL］.（2017－08－27）［2019－12－03］. http://www.xinhuanet.com/politics/2017－08/27/c_1121550898.htm.

加快建设体育强国，就要弘扬中华体育精神，弘扬体育道德风尚，坚定自信，奋力拼搏，提高竞技体育综合实力，更好地发挥举国体制的作用，把竞技体育搞得更好、更快、更高、更强，让体育为社会提供强大的正能量。

二、校园足球是实现体育强国的重要手段

足球是世界第一大运动也是中国体育界最受关注的运动项目之一。足球运动在全国范围内大力推行有其偶然性，也有其历史的必然性。

对于足球的热爱，习近平从不避讳。早在青年时期，他就曾作为学校足球队的一员驰骋球场。随着工作日渐繁忙，习近平很难抽出时间到球场上一试身手，但是他对足球的热爱并没有随之消减。2012 年，习近平访问爱尔兰时，虽然身着皮鞋和正装，依然在都柏林的体育场上展示了自己的足球脚法。

在 2015 年 2 月 27 日召开的中央全面深化改革领导小组第十次会议上，习近平主持审议通过了《中国足球改革发展总体方案》（以下简称《方案》）。会议强调，实现中华民族伟大复兴的中国梦与中国体育强国梦息息相关。发展振兴足球是建设体育强国的必然要求，也是全国人民的热切期盼。《方案》提出"三步走"战略，分为近期、中期和远期目标：近期目标是要理顺足球管理体制，制定足球中长期发展规划，创新中国特色足球管理模式；中期目标是要实现青少年足球人口大幅增加，职业联赛组织和竞赛水平达到亚洲一流，国家男足跻身亚洲前列，女足重返世界一流强队行列；远期目标是要使中国成功申办世界杯足球赛，男足打进世界杯、进入奥运会。[①]

《方案》第五部分明确指出：发挥足球育人功能。深化学校体育改革、培养全面发展人才，把校园足球作为扩大足球人口规模、夯实足球人才根基、提高学生综合素质、促进青少年健康成长的基础性工程，增强家长、社会的认同和支持，让更多青少年学生热爱足球、享受足球，使参与足球运动成为体验、适应社会规则和道德规范的有效途径。

推进校园足球普及。各地小学把足球列入体育课教学内容，加大学时比重。以扶持特色、带动普及，对基础较好、积极性较高的小学重点扶持，全国小学校园足球特色学校在现有 5 000 多所基础上，2020 年达到 2 万所，2025 年达到 5 万所，其中开展女子足球的学校占一定比例。完善保险机制，推进政府购买服务，提升校园足球安全保障水平，解除学生、家长和学校的后顾之忧。

促进文化学习与足球技能共同发展。加强足球特长生文化课教学管理，完善考试招生政策，激励学生长期积极参加足球学习和训练。允许足球特长生在升学录取时在一定范围内合理流动，获得良好的特长发展环境。

促进青少年足球人才规模化成长。推动成立大中小学校园足球队，抓紧完善常态化、纵横贯通的大学、高中、初中、小学四级足球竞赛体系，探索将高校足球竞赛成绩纳入

---

① 国务院办公厅. 中国足球改革发展总体方案［Z］. (2015 - 03 - 16). http://www.gov.cn/zhengce/content/2015 - 03/16/content_ 9537. htm.

高校体育工作考核评价体系。

扩充师资队伍。通过培训现有专、兼职足球教师和招录等多种方式，提高教学教练水平，鼓励引进海外高水平足球教练。到 2020 年，完成对 5 万名校园足球专、兼职足球教师的一轮培训。完善政策措施，加强专业教育，为退役运动员转岗为体育教师创造条件。

《方案》的通过和实施为校园足球的开展奠定了良好的基础，校园足球的实施是实现中远期目标及实现体育强国梦的重要手段。

第二节　人的全面发展和校园足球

一、人的全面发展

人的全面发展理论是马克思主义学说的一个核心观点，是一个具有丰富内涵和辩证观的理论体系。实现人的全面发展是马克思主义崇高的社会发展理想。以人为本是科学发展观的核心，是中国特色社会主义理论体系的核心理念。在当代中国，以人为本的观念贯穿到社会主义现代化建设中，促进人的全面发展是摆在中国人面前的一个紧迫而重要的实践课题。可以看出，人的全面发展不仅是一个理论问题，更是一个实践问题，对它的实现途径的研究已从理论层面转向实践层面，具有极强的现实操作性。

马克思主义关于人的全面发展的学说是实施素质教育的重要理论依据。马克思、恩格斯、列宁批判继承了前人尤其是空想社会主义者关于人的全面发展的思想，提出了科学而严谨的关于人的全面发展的学说。

（一）人的全面发展的含义

马克思、恩格斯、列宁的著作中提到，人的全面发展的基本含义是指个人劳动的能力即个人的体力和智力在生产过程中得到多方面的、充分的和自由的发展。首先，这里所指的"个人"，是指集人的类特性、社会特性和个人特性（个性）于一身的"个人"，个人全面发展是"个人"所具有的这三种基本特征在个人那里的全面发展。三者既有区别又有联系，共同促使"个人的体力和智力在生产过程中得到多方面的、充分的和自由的发展"。其次，把个人的全面发展放在社会历史发展这一大背景下来研究，把个人的全面发展既看作是一个过程，又看作是一个理想目标。人的全面发展在马克思、恩格斯、列宁那里虽然包括许多内容，但主要是指个人的劳动能力即个人体力和智力的全面发展，强调脑力劳动与体力劳动相结合。马克思在《资本论》里写道："我们把劳动力或劳动能力，理解为人的身体即活的人体中存在的，每当人生产某种使用价值时就运用的体力和智力的总和。"劳动是人的最基本的实践活动，人要劳动，就必须具备一定的劳动能力。在马克思看来，人的劳动能力无非是指人的体力和智力在劳动过程中的显示和实现。人的体力和智力作为人完成一定活动的本领，在人活动过程中对象化、物化而凝结在被改造的对象之中，这就是人的能力；而作为人从事一定活动的主体条件，则是人的素质。马克思将人的全面发展经常表述为："全面地发展自己的一切能力""发挥他的全部才能和力量""人类全部力量的全面发展"等；恩格斯认为人的全面发展是"各方面都有能力的人"；列宁继承了马克思和恩格斯关于人的全面发展的思想，把人的全面发展理解为"具有全面知识的、受有全面训练的人，即能够做所有一切事情的人"。

马克思在人的全面发展问题上所谈到的人的体力和智力与我们现今通常所理解的体力和智力是有区别的。我们现今理解的"体力"已包含人的心理因素，而马克思所说的"体力"是指构成人的物质因素方面即肉体因素；我们现今理解的"智力"一般是指人的认知方面的稳定心理特点的综合，而马克思所说的"智力"是指构成人的精神因素方面。人的精神因素方面包括广博的内容，既包括认知因素，也包括非认知因素，既包括理性因素也包括非理性因素。马克思在《1844年经济学哲学手稿》中曾提出"劳动者自己的肉体的精神的能力"的说法。马克思在《资本论》中指出："劳动力的发挥即劳动，耗费人的一定量的肌肉、神经、脑，等等。"可见，马克思明显地将人看作是肉体和精神的组合物，体力即肉体的能力，智力即精神的能力。

人的全面发展，还包含着社会全体成员的全面发展，意味着人类的彻底解放。社会全体成员多方面的、充分的和自由的发展是人的全面发展的最终理想，也是人类实现彻底解放的必要条件。马克思指出："人的全面而自由的发展为基本原则的社会形式。"恩格斯早在《共产主义原理》中就指出："要使社会全体成员的才能得到全面的发展。"恩格斯还在《反杜林论》中指出："自然，要不是每一个人都得到解放，社会本身也不能得到解放。"由此可见，马克思、恩格斯、列宁论及的"个人"与"社会全体成员"并非是彼此无关的。个人是社会中的"个人"，不是"某一个人"而是"每一个人"，即每一个劳动者。社会全体成员是由社会中的所有个人组成的，社会就是"每一个人"即一切人的集合体。

（二）人的全面发展与人类社会的发展相统一

马克思主义的创始人始终坚持人的全面发展与人类社会的发展相统一的观点。首先，他认为人与社会是相互生成的关系。马克思说："正像社会本身生产作为人的人一样，人也生产社会。""整个所谓世界历史不外是人通过人的劳动而诞生的过程。"他还说："人就是人的世界，就是国家、社会。"

其次，在人的发展水平上，他把人的发展视作一个历史过程。一方面把人的全面而自由的发展视为现代化大生产发展的客观要求，视为人类的最高理想；另一方面又指出，人的发展与社会生产力发展的水平，与历史发展的一定阶段紧密相连，因而人的发展必然具有相对性。

人的全面发展与人类社会的发展相统一的思想表明，人的全面发展不仅是人的目的本身，还是社会历史发展的目标和本质，社会发展含义的最高层次是人的发展，人的发展的最高境界是人得到自由而全面的发展。因而，人的发展程度是衡量社会进步和完善的一个根本尺度。

二、校园足球是实现人的全面发展的有效途径

大力发展教育事业，坚持教育与生产劳动相结合，是实现人的全面发展的根本途径。马克思、恩格斯在《德意志意识形态》《共产主义原理》中指出了人的全面发展与教育事业的密切联系，认为教育是培养和造就全面发展的人的重要途径。马克思指出："生产劳动同智育和体育相结合，它不仅是提高社会生产的一种方法，而且是造就全面发展的人的唯一方法"。

（一）我国校园足球发展的时代意义

2009 年，我国启动校园足球计划，国家体育总局和教育部联合下发《关于开展全国青少年校园足球活动的通知》及实施方案，旨在增加足球后备人才储备、推广足球文化，以达到促进青少年身心健康发展的目标。于是校园足球肩负着促进我国足球发展和青少年身心健康的双重任务。

1. 有利于增强学生体质

2009 年，体育总局和教育部联合成立了全国青少年校园足球工作领导小组，正式开展校园足球活动。2013 年 2 月体育总局、教育部联合出台了《国家体育总局、教育部关于加强全国青少年校园足球工作的意见》，不难看出国家对校园足球的重视。该意见就是在我国青少年体质的一些重要指标 20 多年连续下降的情况下进行的，其根本目的在于提高我国青少年的体质和体能，培养学生的拼搏意识和团队协作精神。①

我国为什么推行校园足球而非校园乒乓球、校园排球呢？这主要是由足球的教育功能——团队力量、挫折教育、德智体美劳全面发展等所决定的。足球训练和比赛有利于培养球员良好的行为习惯、坚强的意志、沟通交流、团队协作、责任心、抗挫折能力、创造性、预判能力、决策能力（管理者），以及塑造学生强健的体魄。处于困境中的中国足球，家底羸弱，利用我国大中小学校的体育设施和资源，广泛开展校园足球活动，普及足球知识和技能，形成以学校为依托、体教结合的青少年足球人才培养体系，对我国青少年足球的发展具有现实作用。

2. 有利于突破我国的足球困境

我国足球俱乐部所处境遇众人皆知，在 2004—2012 年间更是处于低谷期。2013 年，广州恒大足球俱乐部②第一次获得亚洲足球俱乐部联赛冠军，这也是中国足球俱乐部首次问鼎该项赛事的冠军。2013 年恒大获亚洲足球联赛最佳俱乐部奖，可谓是燃起我国多年来职业足球发展的星星之火，但仍未见职业足球发展的燎原之势。

随着足球学校、传统体育运动学校规模萎缩和数量的减少，我国足球后备人才的培养问题越来越突出，加之足球俱乐部对后备人才的培养流于形式，投入不够，使我国足

---

① 北京体育大学校长杨桦. 中国青少年体质重要指标呈下降趋势 [EB/OL]. (2012 – 03 – 11). http://www.chinanews.com/gn/2012/03 – 11/3734001.shtml. 中国新闻网.

② 2014 年 7 月 4 日，该俱乐部更名为广州恒大淘宝足球俱乐部。

球陷入持续发展的困境。其一，校园是我国青少年教育和培养的大舞台，校园拥有足球训练的场地优势、人才优势和组织优势。其二，在我国传统体育后备人才培养体制的结构中，校园足球将成为我国足球突破困境的希望所在。如足球学校数量锐减，在校学生人数少，这对我国青少年足球后备人才的培养极为不利，此情势下，2009年全国校园足球计划的启动成为我国足球困境的主要突破口，也是我国足球发展的希望所在，我国青少年足球的参与和普及燎原之势初成。

（二）我国校园足球发展战略构想

我国校园足球发展的战略构想应包括校园足球发展的规模、战略发展的三个阶段、足球体制的完善、理念体系的建立与发展等方面。

1. 发展的规模

自2009年启动全国校园足球计划以来，校园足球活动旨在服务青少年成长和社会和谐发展，以促进青少年身心健康发展、扩大足球人口数量、进行后备人才培养、推广足球文化为目标，以建立健全以大学生足球联赛为龙头的校园足球四级联赛制度，同时加大相关校园足球各类人员的培训力度，大力推进校园足球活动的开展。如何才能搞好小学、初中、高中、大学四级足球比赛是目前最重要的一个问题。各校园足球布局城市有计划地开展了省长杯、市长杯、区长杯、校长杯、园长杯等各种比赛，加上各省级校园足球学校举办的冬、夏令营等比赛，全国校园足球比赛每年超过10万场次。经过近5年时间的发展，校园足球小学、初中、高中和大学的四级比赛体系雏形初现。从2009年以来，来自全国60个布局城市和试点县的万余名学生参加了中国足协共举办的冬令营和夏令营活动。亚足联精英教练、国家队及俱乐部球员与孩子们踢球，展示球艺，孩子们在相互交流过程中体验了足球运动的魅力和快乐，放飞了他们的足球梦。

我们对校园足球活动的开展情况进行调查和了解，国家级和省级布局的校园足球活动水平高、人数多、活动次数频繁、组织更为规范。例如，小学和初中联赛仅2009—2010年度就进行了17 000场，参赛总人数达4万余人；"从2014年开始将逐步形成'园长杯'（幼儿园足球游戏或比赛）、'校长杯'（定点学校班级、年级之间比赛）、'区长杯'（各区定点学校之间比赛）、'市长杯'（各区代表队之间比赛）和'省长杯'（各市代表队之间比赛）的校园足球城市竞赛体系。由此可以看出，我国校园足球发展规模逐渐形成，竞赛体系更加完善。"[①] 目前已实现目标。

2. 战略发展的三个阶段

第一阶段：前期筹备阶段。2008年是我国校园足球的筹备期，经过2008年的筹备，校园足球得以开展。

第二阶段："十百千工程"建设阶段。2009—2010年为我国校园足球"十百千工程"建设阶段，即在全国创建十个"校园足球城市"、百所"校园足球学校"，每个"校园足

---

① 金鹏飞. 中国校园足球从点滴做起注册学生球员达19万人［EB/OL］. (2014 – 01 – 17). http://www.chinanews.com /ty/2014/01 – 17/5749176.shtml. 中国新闻网，2014.

球城市"每年参与校园足球活动的学生达到千人以上规模。

第三阶段：普及与提高阶段。2011—2018年为我国校园足球的普及与提高阶段，从目前来看，我国校园足球得到良好的发展，普及工作开展顺利，但提高工作面临着许多的问题与困难。

3. 足球体制的完善

我国足球运动的发展受"体育转型"的影响，最近二十年我国足球人才培养体制不完善，青少年足球人才的培养缺乏科学模式，这导致我国足球后备人才培养陷入困境。校园足球计划的实施，有望突破这一瓶颈，因为校园足球活动的开展具有众多有利因素，如场地、人才、人数、组织等优势。因势利导完善校园足球体制的构建，经过近5年的发展，我们校园足球的体制完善初见成效。

校园足球四级比赛制度的建立，是我国足球突破困境的又一条件。长期以来我国足球比赛体制不完善，这是导致我国足球处于困境的原因之一。如韩国和日本有着完善的足球比赛体制，而我国足球比赛长期以来没有形成系统性和持续性。我国校园足球计划的启动，依托小学、初中、高中和大学四级比赛，可保障我国足球发展的连续性，使足球人口数量递增，加快先进足球理念和足球文化的传播，为我国校园事业的发展打下夯实基础。

4. 理念体系的建立与发展

"阳光体育、快乐足球"是我国青少年校园足球活动的核心理念。校园足球就是让足球运动伴随青少年成长，加强体育锻炼，以增强他们的体质，促进他们的全面发展。"阳光体育"这一理念的目标是"加强青少年体育，增强青少年体质"，而"快乐足球"是阳光体育活动的一种形式，是阳光体育的一个重要举措。

校园足球的发展理念受我国足球理念的影响和作用。客观上讲，与其他足球水平较高的国家相比，先进的足球理念对我国足球的发展没有起到应有的作用和功能，根本原因在于在我国足球理念被现实的功利性目的所左右。具体表现为我国足球负担了过重的政治性任务，"中国足球长期处在急于成功的躁动中，而一次次的失败，又进一步激化了想赢怕输的矛盾心理。"

足球理念既简单又复杂。足球理念带给我们的不仅是对足球的认识和规律的把握，更应是一种系统性的具有快乐特质的足球文化和活动。足球理念功能作用的发挥必须在准确提出的前提下，足球理念的简单性可以体现在"享受足球，享受生活"这一理念中，与国际足球联合会的草根足球理念相近，即让孩子在游戏中享受足球，从活动中获得快乐。虽说"阳光体育、快乐足球"是我国青少年校园足球活动的核心理念，但是仅限于此是远远不够的。足球理念的复杂性是由足球运动参与者的层次性和多维性的影响确定的。例如，足球教练员的理念、运动员的理念、球迷的理念、足球俱乐部管理者的理念等。不同人群决定了足球理念的多维性，不同人群对足球认识能力和水平的差异决定了足球理念的层次性。我国校园足球理念的提出应是系统性理念，而我们提出校园足球理念体系，出发点在于促进我国校园足球的发展，丰富青少年们的体育文化生活。让所有校园足球参与者都能享受到快乐，以愉悦其身心。在足球的发展中，独特的足球理念与训练至关重要，且足球理念要受文化的影响，训练质量受理念和方法的影响。①

（三）时代需求与战略实现背景下的校园足球发展定位

1. 学生体质——校园足球的根本目标

国家大力推行校园足球计划，目的在于提高我国青少年体质，希望我国青少年的身心得到健康发展。因此，在校园足球活动的开展中要以"健康第一"为指导思想。运动量的制定要科学合理，组织形式要灵活多变，让青少年的身心在愉悦中得到发展。

2. 自身足球文化发展——校园足球的方向

随着我国校园足球的发展，不少学校校园足球活动开展得有声有色，足球文化已成为这些学校文化的特色。足球文化的形成与发展有利于校园足球的长期发展，同时对个体终身进行足球活动奠定了一定的基础，对于我国足球文化的形成和发展具有一定的作用。②

3. 理念体系——校园足球发展的支撑

校园足球的发展理念要在顶层设计。从国家层面设计我国校园足球发展的理念体系，如在教练员的培训中，帮助教练员树立正确的足球训练、足球指导、足球比赛等方面的理念。足球教练的理念应是校园足球理念的核心理念。足球教练员的理念可借鉴外籍教练在我国执教时运用的训练和指导理念，足球教练员的理念对我国校园足球的发展有时起着方向性的作用。校园足球理念应是一个理念体系，应涵盖不同层次和维度，最终形成校园足球的理念体系，以支撑校园足球的长期发展。

4. 制度——校园足球发展的保障

全国校园足球活动的开展是一项巨大工程，要保障我国校园足球的发展，必须设立专业组织机构、建立制度、完善比赛体系等。没有健全的制度，校园足球就不能得到很好的发展和推广。例如，学校建立科学的教师工作考核制度，对足球教师付出的劳动能给予适当的报酬和承认；对于经费的运用管理要制度化，让有限的资金充分发挥作用；规模大的学校可以建立本校的比赛制度，同时积极参加上级组织的比赛，例如省长杯、市长杯足球赛等。只有在制度保障下的校园足球才能健康发展。

（四）实现校园足球发展战略构想的路径

1. 依靠校园足球本位效能作用的发挥

校园足球本位效能是指校园足球运动本身的功能对进行足球运动学生的作用。具体表现在以下两个方面：

第一，提高学生体质的效能作用。众所周知，运动具有提高人们体质的功能作用。

---

① 向常春，龙立荣. 团队内冲突对团队效能的影响及作用机制 [J]. 心理科学进展，2010（5）：781-789.

② 何强. 校园足球热的冷思考 [J]. 体育学刊，2015（2）：5-10.

之所以在此谈到校园足球能提高学生体质的效能作用，其目的在于厘清校园足球在提高学生体质过程中与其他运动项目的不同之处，并进行分析。其一，足球是一项在宽阔场地上长时间进行的运动项目，这对学生视力的保健有利。目前我国小学生的近视率极高，从视力这一指标来看，学生在户外宽阔的场地上进行足球运动，有利于保护学生的视力。其二，足球比赛时间长，对学生心肺功能的提高具有作用。其三，足球是在快速跑动中进行的人与球二者兼顾的运动，对青少年身体的协调发展具有作用。

第二，校园足球的教育功能。其一，培养学生的团队协作精神。其二，对学生进行挫折教育，足球比赛的胜败可锤炼抗挫折能力，不因一场比赛的失败而气馁。其三，足球是一项集体项目，这就要求队员具有良好的沟通能力，达到战术配合的目的。其四，足球的训练和比赛都有着严格的要求，这有助于学生养成良好的行为习惯。如整理自己的比赛装备和训练服。其五，通过足球的训练和比赛培养学生的责任心，使球队形成合力。其六，足球运动中要求球员具有创造性精神。其七，提高队员的决策能力和管理者能力。在球队训练和比赛中，除了球员团结协作外还要有人对球队进行决策和指挥，从而提高球员的决策能力和管理能力。不难看出校园足球运动的开展有助于学生的德智体全面发展。①

2. 依靠于校园足球的普及与提高

校园足球的普及与提高对我国足球的长期发展具有重要作用。除了增强我国青少年体质的目的外，我国校园足球还意在培养足球后备人才，奠定群众基础。我国大小学生在校总人数达约 1.974 3 亿之多。从数据来看，校园足球的开展与普及为我国足球发展为奠定坚实的群众基础，在校园足球运动开展中发现人才，培养后备人才，这对我国足球运动的发展效能作用巨大。

3. 依靠于校园足球文化的发展

在校园足球运动开展过程中校园足球文化也将得到发展，相关足球理念也将会引入和传播。我国学校拥有丰富的人才资源、组织优势、制度优势和条件，这对我国足球发展的效能明显，作用巨大。但是如何使我国校园足球计划得以长期有效开展是摆在我们面前的一个艰巨任务和难题，值得我们思考。

4. 依靠于外环境

校园足球的发展不仅限于足球活动本身，媒体也起着重要作用，如电视、网络、报纸等，对校园足球的发展有着重要的影响力，应善于利用这些外在的因素和条件促进校园足球的发展，进而对我国足球运动的发展起促进作用。

---

① 吴键. 校园足球：首先是教育，其次才是足球［J］. 中国学校体育，2015（3）：14-16.

第三节　小学校园足球文化

一、校园足球文化的内涵

校园足球是我国现行改善学生身体素质，推动足球运动发展的改革手段。其本质属性是文化。而校园足球文化的发展决定着校园足球活动开展的成效。建设校园足球文化作为足球改革的内容之一，是推动校园足球运动及其教学创新、足球人才挖掘与培养的基础性工作，直接关系到校园足球体育教学和校园足球活动开展的实效性。

校园足球文化是校园文化和足球文化的集合，它既具有校园文化的特性，又被赋予了足球文化的特点。在校园足球文化构建的问题上，以人为本是构建校园足球文化的核心问题。以学生为本，将学生的切实需要带入校园足球文化的建设中才是构建校园足球文化的本质问题。校园足球文化建设方式时，应运用学校学科教育教学渗透、足球专业教学与学校文体活动为载体推动校园足球文化。[①] 将足球运动融入学校教育过程中，推动校园足球文化的发展才是发展校园足球切实可行的方式。

竞技规则、对抗拼搏精神、团队精神、足球技术技能、足球竞赛的战略战术与足球运动的安全等都属于校园足球文化的范畴。校园足球文化是校园足球相关的物质文化、精神文化、制度文化和行为文化的总和，并构成文化统一体。校园足球文化的物质文化是基础，精神文化是目标，制度文化是保障，行为文化则是规范。应将学生的价值取向作为校园足球行为文化建设的核心。

综上所述，校园足球只是校园文化的一种表现形式。利用校园足球活动为手段，丰富校园文化生活。利用足球运动的魅力，向学生普及足球知识，教授足球运动技能，吸引学生参与到校园足球活动中来，以此来推动校园体育活动的发展，全面增进学生身体素质，改善学生身体体质。与此同时，在开展校园足球活动过程中，发现在足球运动方面具有潜质的学生，为我国足球运动的高水平建设输送人才，促进我国足球运动科学全面地发展。

校园足球的本质亦是文化，校园足球的发展必然离不开校园足球文化的发展。校园足球文化的发展成效，直接影响着校园足球活动能否科学有效地可持续发展。因此，校园足球文化的发展才是校园足球活动开展的本质核心。然而，目前我国对于校园足球文化的发展，尚处于起步阶段。对于校园足球活动的认识，还停留在顶层设计和政策实施阶段。把握好校园足球文化的内涵，充分发挥文化的教育内涵，是今后校园足球文化研究的重要基础。

---

① 侯学华，王彬，薛立，等. 校园足球核心价值体系构建［J］. 山东体育科技，2013（3）：86-91.

二、校园足球文化的类型

各级各类的共性特点决定了校园足球文化的共性类型,为相关主管部门科学制定具有宏观统筹性的指导方案等,创设了良好的软硬件基础。

(一)制度文化

完善的学校制度文化既是保障校园足球与足球文化发展的基础,也是校园足球文化的有机组成部分。结合学校教育教学和管理的实际,服务于校园足球的制度文化有两大类:一是实施性程序文化。为了保障足球教育教学、足球活动等正常开展,学校从整体大局把相关足球的一切工作都纳入到学校的工作计划、方案与各种补充性的细则中,包括学校工作计划、足球发展计划、学校部门工作计划、班级工作计划与兴趣活动计划等,都作为校园足球文化的有机部分,有计划、有步骤与分工明确地保障校园足球活动的顺利开展,实现对校园足球文化的实践与创新。二是督导考核类文化。这是对校园足球的教育教学和师生足球运动的效果进行检验的文化类型,包括学生的体能考核、学生的足球单项技术技能考核、班级之间和年级之间足球对抗比赛,以及对学生足球文化知识等方面的考核,旨在让学生从理论到实践都能切实地达到相关主管部门的基本要求。这类考核的作用,主要是为学生树立进步的目标,激励他们按照自己的实际开展足球运动和足球文化的实践与创新活动等。

(二)竞赛文化

足球作为一种竞技性的运动项目,竞赛、竞争与对抗是其中关键性的积极精神内因。按照国家足球改革的相关方案,在学校内开展适当形式与频率的足球竞赛,是能有效激发学生学习足球与开展足球活动的原动力。体现在校园足球发展的实际两个方面:一是努力拼搏的精神。足球运动作为一项对抗激烈的运动项目,对学生体能具有较高的要求,既有单位时间内的速度和力量要求,也有竞赛时间长度内的耐力和爆发力要求,培养学生的努力拼搏与不怕困难的精神,对他们的竞赛和个人成长具有积极的意义。尤其在学生经过一定时间的对抗身心疲惫的情况下,能否发扬努力拼搏的精神是对抗双方取得胜利的关键所在。二是遵守规则的意识。足球作为现代体育受众最广的竞技项目,其比赛规则已经十分的完善,学生在竞赛中运用规则,发挥个人的体能、技能和配合战术,努力争取理想的成绩,是校园足球文化的重要组成部分。[①] 遵守规则、运用规则和良好精神状态及文化氛围,是确保竞赛的公正、公开与结果公信的关键。培养学生树立规则意识,对学生未来的学科学习与职业技术技能学习具有积极的引导作用,使其能按照自己的理想去开展个人奋斗。

(三)足球史知识

足球史知识是校园足球文化重要的内容之一。从足球教育教学和体育教学而言,包

---

① 侯学华. 全国青少年校园足球活动价值研究 [J]. 北京体育大学学报,2012(12):77-83.

括以下三个方面：一是足球起源及其发展历史知识。以足球的起源时间、足球制作与足球运动人员范围的展示为主，这类知识可以有效地激发学生对足球研究的兴趣。例如，体育教师或历史教师可以利用教学的契机，对学生讲解宋代蹴鞠文化，让学生认识到中国在足球发展历程中的积极作用。二是足球竞技发展变化的历史知识。主要是传授足球的技术技能发展创新的历史知识，这些知识往往和各个年代的球员、球队与教练员相关，以这些代表人物为历史线索，让学生从这些人物里程碑式的活动中，去发现足球的魅力。三是足球竞赛的历史知识。各种足球竞赛及其赛制的发展历史，如国际足联、欧洲足联、亚洲足联与中超联赛等历史，让学生既了解其参赛资格的范围，也了解其在国际足球发展的地位与作用。如让学生了解世界杯历史的发展，能有效地激发他们对足球的热爱与支持中国足球的情感。

三、校园足球文化建设主要路径

由于校园足球具有学校教育教学和管理的空间、时间和体制性的条件，其文化内容与建设方式也必然受到学校各方面因素的影响。

（一）技术技能教学

足球技术技能作为足球文化的基础载体，是孕育、实践与创新足球文化内容和载体的统一。教学实践中，有两种建设校园足球文化的方式：一是足球动作技能教学的氛围性文化建设。这是通过教师日常的足球教学和学生的学习与训练活动，以学生的足球运动为基本的文化载体，把足球文化转化为有形的、动态的与充满激情的运动与活动，进而带动和感染其他师生，营造校园足球活动氛围，使足球运动成为校园最常见、运用频率最高的师生运动形式。二是足球技术教学的足球意识性建设。是指从校园足球教育教学的理论性出发，对学生开展足球相关知识、足球运动、足球和健康的意识教育，让学生们能把这种意识转化为自觉地参与足球运动，提高他们的健康水平和丰富他们的文化生活，对形成丰富多彩的校园学习和生活环境起到切实的作用。

（二）校园与校际竞赛

举办校内足球竞赛和校际之间的足球竞赛，是激发学生集体荣誉感和学习热情的最佳路径之一。校园与校际竞赛对校园足球文化起到两个层次的建设作用：一是集体目标一致性的建设。无论是校内的比赛还是校际竞赛，都直接地把学生分成若干团队，每个团队都会立足自己的实力并确立自己的目标，如校际之间有学校的竞赛成绩目标，班级或年级也有成绩目标，这种目标的一致性会在短时间内高度凝聚集体的力量，无论是赛场的球员还是其他的同学，都在积极地为自己集体的成绩而做出努力，由此关于校园足球的各种技术技能、战略战术与其他方面的智慧，甚至人力、物力与财力都会集中起来，形成最具号召力和战斗力的校园足球文化。二是赛事强力推动性建设。校园足球竞赛活动的组织和开展，需要各个参赛单位都要具备一定的熟练的足球竞赛技术技能。因此，会对各个参赛球员及其球队等提出较高的竞赛获胜要求，引导和激励他们结合自身技术、技能和战略战术的实际水平，开展相关的实战训练、补差补缺训练与提升性训练等。相对日常的学习和训练而言，学生由于目标的一致性，会具有较强的积极性和创造性，无论是足球的教育教学和校园足球活动的氛围都会充满激情，校园足球文化氛围同时具有专业性、职业性与可持续性的优质特点。

（三）重大赛事观看

开展重大足球赛事的观看活动，是拓展学生足球视野和培养学生足球兴趣的重要方式。尤其是对世界杯、欧洲杯与美洲杯足球比赛的观看，是学生在对自己喜欢的足球明星的追崇中，提升足球兴趣。结合学校硬件建设的实际，具有操作性的观看方式有以下两种：一是观看经典足球赛事的重播。目前主要是为学生重播每届世界杯、欧洲杯等的半决赛与决赛的比赛过程，学生们通过对各个足球强队的战略战术的分析与借鉴，学习和蓄积自己所需要的技术技能和战略战术知识等，并在以后的学习中转化为自己的技术技能，为今后的足球兴趣发展和树立个人的足球理想打下基础。二是观看正在进行中的足球赛事的直播。这是教师运用学校教室内的互联网设施根据各种赛事举办的时间，及时联网指导学生观看的方式，在具体的操作中可以是实时地直播，也可以是对刚刚结束的比赛重播。

第四节 小学校园足球的育人价值和可持续发展

2015年3月16日，《中国足球改革发展总体方案》（以下简称《方案》）出台。在《方案》中，校园足球再次被置于极其重要的地位。足球列入体育课教学内容；到2025年，扶持5万所小学校园足球特色学校；扩充师资队伍，到2020年完成5万名校园专兼职足球教师的一轮培训；依托具备条件的本科院校设立足球学院；探索建立新型足球学校；创建条件（建设足球场地）满足校园足球活动的场地需要；完善考试招生政策，激励学生长期积极参加足球学习和训练；允许足球特长生在升学录取时合理流动等，堪称校园足球发展"组合拳"。与此同时，与《方案》相配套，由教育部牵头，会同国家发展改革委、财政部等6部门联合制定的《教育部等6部门关于加快发展青少年校园足球的实施意见》（以下简称《实施意见》），也于2015年7月22日公布，同样也有一套"组合拳"。即通过校园足球整体布局，到2020年建设2万所左右青少年校园足球特色学校；深化足球教学改革；完善校园足球竞赛体系；创建青少年足球训练中心，拓展足球后备人才培养渠道等多种方式，以此来加快青少年校园足球的发展。《方案》和《实施意见》的颁布，预示着青少年校园足球将迎来发展的高潮。

一、发展青少年校园足球首先是育人，其次才是足球运动技能

《中国足球改革发展总体方案》和《教育部等6部门关于加快发展青少年校园足球实施意见》，都将发展校园足球的目标确定为"育人"，即通过发展校园足球，增强学生体质，提高学生运动能力，培养学生健全人格，达到育人的目的。2014年11月，刘延东

副总理在全国青少年校园足球工作电视电话会议上也强调"校园足球要坚持育人为本"。由此可知，青少年校园足球应以育人为本，以育人为"圆心"，充分利用青少年校园足球这个平台，落实立德树人的根本任务和实现青少年的全面发展。因此青少年校园足球应遵循教育方针、教育原则、教育规律，服从、服务于"立德树人""全面发展""素质教育""健康第一""学生主体"等教育目标和教育思想；应遵循体育教育教学原则、规律，服务于"运动参与、运动技能、身体健康与社会适应""促进青少年身心健康体魄强健""健康第一""终身体育"等学校体育目标和指导思想，并将"足球育人"作为其核心价值目标。通过青少年校园足球运动的开展，贯彻实施"强化体育课和课外锻炼，促进青少年学生身心健康、体魄强健"；通过足球运动与其他体育课程内容（包括田径、篮球、乒乓球、排球、体操等）的学习，为青少年身心的发展、体育知识技能的掌握、体育精神的养成奠定坚实的基础。总之，通过青少年校园足球的开展最终达到的目的是为了提高青少年的身体素质和运动技能，并以体育精神健全青少年人格，培养德智体美劳全面发展的人，落实教育立德树人的根本任务。

青少年校园足球本质上是一种教育方式，是体育教育的一种手段，其育人的价值更要上升到较之足球技术本身更高的高度。实际上，青少年校园足球发展到一定程度，也应该是朝着文化、教育的功能方向去发展。而且青少年校园足球本身的价值也在于增强学生的体质、培养完善的人格，培养吃苦耐劳、遵纪守法、团结协作、理性克制的精神，逐渐形成正确的人生观、价值观。

此外，推动青少年校园足球又好又快地发展，必须要尊重青少年健康成长的规律，正确处理重点培养和广泛参与的关系，个性特长与全面发展的关系，竞技性和群众性的关系，青少年校园足球与学校体育、社会体育的关系。要做到既符合足球运动的规律，又符合教育和青少年成长的规律，要充分发挥足球在教学、训练、竞赛等各环节的多元育人功能，推动体育与德育、智育、美育的融合，使校园足球成为完善学校教育、促进青少年全面发展、培育校园文化的重要手段。决不能本末倒置，单纯追求竞赛成绩走"锦标主义"的老路。追求事业实现振兴不是一蹴而就的，青少年校园足球普及和人才培养更是如此。所以，校园足球面向广大青少年，应当牢牢地扎根教育，始终把育人摆在第一位。以竞赛成绩作为评价青少年校园足球发展水平的标准，必将把青少年校园足球引向偏离教育的轨道。管理者和具体实施者决不能因为青少年校园足球能增加我国青少年足球人口数量，扩大优秀足球后备人才规模，青少年足球运动水平得到质的飞跃和提升，以及有助于大众足球普及和为中国足球未来发展奠定一个良好的基础而不坚守和贯彻落实育人第一的宗旨。总之，发展青少年校园足球首先是育人，其次才是足球运动技能等。

二、发展青少年校园足球是有效增强青少年体质健康的手段和途径

青少年体质健康水平已经持续 30 多年呈下降之势，严重影响人才培养的质量，不利于中国人力资源的强国建设。因此，加快青少年校园足球的发展和普及，其更重要"动

因"是"强国强种"的需要。要实现增强青少年体质健康，提高青少年运动能力，培养青少年健全人格这个目标，有很多方法和手段，特别是作为教育手段的体育，内容丰富多彩，有篮球、武术、田径、乒乓球、排球等。而选择足球原因包括：一是足球是世界第一运动，影响力大，备受国际社会关注。二是足球锻炼价值高，适应性强、趣味性高，符合青少年年龄特点，尤其是在场地条件差、师资不足的地区，足球运动因门槛低更便于推广。三是领导重视也是一个重要因素。因此，选择发展校园足球作为教育手段，也就成为必然。

事实上，基于目前学校体育发展的总体情况和青少年体质健康整体水平，启动任何一个集体项目都是必要的、合理的，于学校体育、青少年全面发展都有莫大的好处。当前，全面推进所有集体类项目并不现实，也不具备条件。因此，从篮球、武术、田径、乒乓球、足球、排球等运动项目中，选择1～2个运动项目来重点开展和推进，则是一种明智的选择。需要指出的是，发展青少年校园足球不应遏制"同类"，即其他运动项目。那些原本在篮球、田径、武术、排球、乒乓球等方面有良好基础的体育传统学校，在青少年校园足球的大潮中，仍需对原有体育项目保持定力和坚守。否则，将会导致学校人、财、物等方面的巨大浪费，甚至影响当地青少年参与体育的兴趣，不利于贯彻实施强化体育课和课外锻炼，不利于实现促进青少年学生全面发展的根本目标。

目前，在青少年体质健康促进方面，校园足球能有效促进青少年学生的身体健康。处于生长发育的关键时期的青少年，足球运动不仅可以促进他们的骨骼发育，利于身高的增长，促进心肺功能的完善，增强抵抗疾病能力，还能培养学生良好的团队意识，形成勇于战胜困难的心理品质等。经常踢足球的青少年腿部骨骼的骨密度要明显高于踢足球少或从事其他运动项目的青少年，踢足球对预防骨质疏松症有显著效果。西班牙的GilsM在对青少年足球运动员与普通青少年的体重、身高和体质指数进行比较研究时，发现：14～17岁的青少年足球运动员体重普遍高于普通青少年3～8 kg；在身高方面，青少年足球运动员身高普遍高于普通青少年4～5 cm；在体质指数方面，同年龄组的青少年之间差异不大。FIFA《足球与健康》杂志也提到"足球项目是我们最好的健康'守护者'，每周3次，持续时间为1小时的足球活动能够有效促进身心健康。"此外，通过调查学生、家长、教师和管理者，他们对青少年校园足球所具有"强身健体"价值给予了充分的肯定。总之，青少年学生的体质健康是发展青少年校园足球的最核心价值，发展青少年校园足球是有效增强青少年体质健康的手段和途径。

三、发展青少年校园足球成就中国足球梦想，是提升国家软实力的基础工程

从2015年11月16日国家体育总局发布的《2014年全民健身活动状况调查公报》看，6～19周岁青少年儿童在校外经常参加的体育锻炼项目中，足球项目的人数占比仅为4.2%。说明青少年儿童在校外体育锻炼对足球开展严重不足。同时，在6～19周岁青少年儿童不愿参加体育锻炼的原因调查中，"怕影响学习"的占比为44.2%，"没兴趣、不喜欢"的占比为21.4%。可见，青少年儿童不愿参加体育锻炼的主要原因还是"怕影

响学习"和"没兴趣、不喜欢"。

从德国足球的整体发展模式看，优秀运动员的早期发现，一定是在运动场上，足球人才"脱颖而出"的平台也是足球场。通过广泛普及的方式，找出有天赋的足球人才。纵观世界足球强国的发展历史，条件各不相同，模式各有不同，但共同的一点是，把发展青少年足球作为国家战略并大力普及，夯实足球事业发展的社会基础。而我国已在2014年10月国务院发布《关于加快发展体育产业促进体育消费的若干意见》中，将青少年足球的发展上升到国家战略层面。这对于实现中国足球梦想，为中国足球的发展培养一大批后备人才具有十分重大的意义。由此可见，发展青少年校园足球是实现中国足球梦想的基础工程。

与此同时，发展青少年校园足球还是提升国家软实力的基础工程。约瑟夫·奈认为，国家的软实力来自于三种资源：文化、政治价值观和外交政策。换言之，一个国家的软实力表现为凝聚力、整合力、感召力和影响力。而与之相应的硬实力则是经济、科技、军事等有形力量。不管对软实力怎样界定，不可否认体育是国家软实力的重要内容。在体育发展整体中，尤其是集体类（球类）体育运动项目，其普及程度、竞技水平、产业发展等，无疑是衡量体育整体发展水平的指标，也是国家软实力的标志。基于此，足球作为世界第一运动，足球运动的整体发展是促进国家体育事业发展的重要力量，也是构建国家软实力的要素。而青少年校园足球是足球运动的基础，将发展青少年校园足球联系到提升国家软实力，是高处着眼，实处着手的必然选择。这是因为足球能体现人类实现自我、超越自我的勇气，代表着用拼搏实现梦想，意味着不到最后一刻绝不放弃的精神象征。足球运动的意义不仅在于赢得胜利，还包括赢得尊重、分享快乐、传递友谊、传播文化。说到底，足球运动折射出的是国家的文化实力、综合国力和民族精神。首先，"在和平年代，足球运动就是一场战争"，从这个意义来说，足球梦就是我们的强国梦；其次，足球是展示国家形象的重要窗口，也是人文交流的平台。它不仅具有体育的综合功能，而且具有独特的价值和魅力，对社会经济产生深远影响；最后，足球是特殊的文化现象，在传播文化方面有着其他一些文化现象所不能达到的效果。一方面，足球运动所具有的健身、娱乐、认知、审美和教育功能，很容易被不同阶层、不同年龄层次的人所接受；另一方面，足球运动不存在语言障碍，是一种"世界语言"，同样也容易被不同地域、不同民族和不同文化背景与文化信仰的人认同和接受。可以超越国界，超越文化的界限，具有快速融入世界，影响世界的优势。由此可见，足球是提升国家软实力的重要手段，发展青少年校园足球是提升国家软实力的基础工程。

当前，振兴中国足球是全国人民的共同愿望，已经成为建设体育强国，实现中华民族伟大复兴中国梦的重要组成部分。一切"紧盯"着"出多少高水平足球运动员""参加多少次高水平足球比赛""获得多少次高水平运动成绩"的认识和做法都是对发展青少年校园足球不正确的认识。

四、发展青少年校园足球是促进青少年全面发展，践行社会主义核心价值观的途径

足球运动充分体现了现代体育精神，不仅能够让青少年在剧烈的竞争中经历艰辛、挫折，磨炼意志，还能够在胜败中培养青少年尊重规则、拼搏进取、团结协作、勇于奉献的精神，能够强化团队意识和集体主义观念，使青少年养成吃苦耐劳、乐观的精神和健康向上的生活方式。这些对于其日常学习、今后工作，甚至终身的生活都将产生积极的影响，这都是践行社会主义核心价值观有效的形式和培养践行社会主义核心价值观的重要途径。根据2015年11月16日国家体育总局在北京发布《2014年全民健身活动状况调查公报》的数据，在接受调查的6～19周岁青少年儿童中，有32.6%的人愿意成为专业运动员，其原因是"为国争光"；原因是"展现体育才能"的占比为31.1%，两者合计为63.7%。此外，6～19周岁儿童青少年参加体育锻炼的主要目的是"强身健体"，占比为44.2%；"喜欢、好玩"，占比为31.7%。可见，目前我国儿童青少年的核心价值观还是健康和正面的。

通过引导青少年参加体育锻炼，尤其是通过发展青少年校园足球，进一步拓展素质教育的新空间。要让参与校园足球活动的青少年，领略健康足球文化，传承足球精神，感受到足球运动的快乐。充分利用足球的体育综合功能和足球运动积极正面的社会功能，传递社会正能量。大力弘扬阳光向上的体育精神，全方位促进青少年身心健康、体魄强健和全面发展，进而让发展青少年校园足球有益于民族精神的振奋。通过发展青少年校园足球进一步培养青少年践行社会主义核心价值观，为青少年提供一个课外学习的平台，不再拘泥于思想品德课堂。将社会主义核心价值观与青少年校园足球的教学、训练、比赛相结合。体育教师在青少年校园足球的教学过程中，教导学生要文明、和谐，对待每个学生要平等、公正等。青少年在足球比赛中，要顽强拼搏、团结协作、服从裁判、遵守规则，以及正确处理球场上的各种争执等，让社会主义核心价值观渗透到青少年的行动中。

社会主义核心价值观的重要内容通过体育教师的适当引导，在足球的学习、训练、比赛中较容易渗透到青少年的言行中，使青少年将社会主义核心价值观植入心灵，形成思想自觉，再从思想自觉向实践自觉转变，最终实现由"知"到"行"的转变，做社会主义核心价值观的自觉践行者。总之，青少年学生要把社会主义核心价值观内化于心，外化于行，真正做到知行合一，从而使发展青少年校园足球成为促进青少年全面发展、培养践行社会主义核心价值观的重要途径。

五、深化学校体育改革、推动健康中国建设

近年来，我国青少年的体质健康水平仍在持续下滑，不少学生不能掌握一项终身受益的运动项目。因此，大力开展青少年校园足球，一方面对学校的体育发展具有辐射带动作用，有利于促进体育教学的内容设置、条件的改善，实现场地设施资源条件的提升，能够推动集体类运动项目的开展，使体育课、课外锻炼、每天锻炼1小时活动的内容更

加丰富多彩；另一方面，对学校体育改革也具有创新和示范意义。校园足球综合性很强，其探索形成的教学模式、训练机制、管理方式和竞赛体系等的经验，可以为学校体育改革探索新路提供借鉴，注入新的活力。有利于形成"崇尚运动，热爱锻炼"的校园文化，也为全民健身和"健康中国"培植土壤。从而提高人们对学校体育的重视，把学校体育在教育中的地位和重要作用凸显出来。使青少年学会运动技能、强身健体，培养青少年尊重、团结、拼搏、坚持等优秀品质，实现立德树人的根本任务。学校体育是学生全面成长的重要途径，是教育的基石；没有学校体育，教育就是空中楼阁。

发展青少年校园足球是深化学校体育改革的最好抓手。通过发展青少年校园足球能激发青少年学生的运动兴趣，强化内在的运动动机，进而促进体育生活方式的养成，并能在传授和学习足球运动技能中促进青少年学生身心健康的发展。

青少年校园足球除了需要教育行政部门的重视外，还需要依靠广大基层学校去实施。从校长、教师、学生到相关的每一个人，如果不能正确认识足球运动所蕴含的体育精神，不能理解足球背后的文化意义，青少年校园足球就无法得到发展，甚至有可能沦为"面子工程"。此外，发展青少年校园足球绝不能排斥其他运动项目，而是要形成相互促进、相互支撑的学校体育发展格局，实现青少年学生"体质健康，运动技能和人格素养"三位一体的共同提高。

与此同时，发展青少年校园足球也是健康中国建设的有效抓手。一是儿童青少年体质健康问题直接影响未来的国民体质健康。二是足球在促进人的体质健康方面具有其独特的作用。从"健康中国2020"的总目标：改善城乡居民健康状况，提高国民健康生活质量。可以看出，国民体质健康问题是健康中国建设的根本。很显然，要想实现"健康中国2020"的总目标，我们不仅要关注未来城乡居民健康，而且更要关注当下青少年儿童体质健康。国民体质健康问题必须从青少年儿童抓起，从目前我国各级各类学校的现实情况来看，发展青少年校园足球就是推动全民健身和"健康中国"建设的最明智的选择和最好的抓手，也是促进人力资源强国建设的教育行为。

第二章　小学校园足球游戏训练的过程和原则

　　小学校园开展体育活动以游戏为主要载体，主要是考虑到学生的生理、心理特征，以学生为主体，在寓教于乐中更好地达成学习目标。足球起源于古代蹴鞠，本身就是一种娱乐游戏。在日常教学过程中采用丰富的游戏形式作为辅助，将教学目标融入游戏中，激发学生的学习兴趣，让学生更高效地进行学习。

　　在不同的水平阶段采用的游戏内容，以及游戏的规则要求应把学生的运动能力、兴趣爱好、心理特点等因素考虑在内。游戏的设计和选择应充分建立在因材施教原则上。在校园足球游戏训练中应考虑教育性和趣味性相结合、全体性和全面性相结合、实践性和主体性相结合、过程性和创造性相结合的原则。每个游戏并非独立、互不关联的，而是同一个游戏在不同的规则下要求变换，增减难度，游戏间的过渡应该是合理衔接，有一定的目的性。

第一节　小学校园足球游戏训练过程

　　足球游戏训练也是体育课堂教学的一种内容和形式，一般来说分为系统性和统一性。首先足球游戏训练过程应遵循健身系统性。体现身体发育的有序性和全面性。有序性表现在学生身体形态发展的"序"和身体主要器官发展的"序"。全面性是通过足球游戏训练增强学生的体质、提高其健康水平的过程。足球游戏训练使学生精力充沛、顺利完成各项学习任务，而且奠定终身体质基础。

　　其次，要在提高学生身体素质的同时，注重学生内在的心理发展。因此，足球游戏训练过程要善于营造活泼生动的锻炼气氛，为学生的心理健康发展提供良好的环境。利用足球游戏的趣味，并通过合理的训练组织，更好地促成新时代体育教学目标的完成。

　　最后，足球游戏训练过程是按一定计划进行的有目的和有组织的训练过程。期间由师生共同参与，教师任务是向学生传授足球知识、技术与技能，增强其体质，使学生养成良好的品质等。足球游戏训练是校园足球开展和实施的基本形式，是新时代大力落实校园足球活动的具体措施。

一、小学校园足球游戏训练目标的设计

　　校园足球训练是一个长期、系统的工程。要培养学生具有一定足球运动水平，事先须设定明确的目标。成功目标是一种目标体系，它包括其远、中、近期分段目标，各级目标间具有很强的递进逻辑关系。每级分段目标都是成功目标的分解，其中包含着该阶段学生必须学习和掌握的足球要素。当一级目标实现后，学生又会向更高一级目标前进，从而使足球运动技能的基础打得更加扎实。目标方向越清晰，目标任务越可行，目标距

离越接近，信念就越坚定，信心就越充足，训练的动力和成就感就越强。明确了宏观目标及具体目标后，再一步步实施训练，就条理清晰了，以下包括了青少年儿童各年龄阶段训练总目标。①（见表1-1）

表1-1 青少年儿童各年龄阶段足球游戏训练总目标

年龄阶段/周岁	训练阶段	技（战）术方面	身体方面	心智方面	阶段训练总目标
6~8	基础训练	学习基本技术，培养球感	加强肌肉的灵活性、协调性和柔韧性训练	快速反应能力；足球的乐趣	与球交朋友培养兴趣和球性
8~10	基础练习	学习基本技术，培养兴趣和球性	快乐足球步法，了解基本战术，进行2 vs 2和3 vs 3的小型比赛	快速反应能力；足球的乐趣	与球交朋友培养兴趣和球性
10~12	基础练习，逐步提高	提高传接球、射门、和1 vs 1的能力、发展位置意识	协调性和柔韧性通过练习比赛加强，同时提高速度、耐力和力量	技术创造性和主动性	技能储备
12~14	基础练习，逐步提高	学习个人、局部、全队战术，进行2 vs 2至7 vs 7的小型比赛	协调性和柔韧性通过练习比赛加强，同时提高速度、耐力和力量	发展自信、个性、责任心和自制力	提高技（战）术能力和身体能力
14~16~18	逐步提高，多比赛	快速对抗条件下的技术能力和稳定性；整体战术和专门战术、防守打法、进攻打法、攻守转换；各种小型比赛和11人制比赛	用间歇训练、小强度、大强度、快速训练发展有氧无氧耐力；以早期力量、克服自重、爆发力训练为主	发展注意力，继续发展12~14周岁各种心智能力；培养比赛的良好心态和心理	与比赛交朋友，提高比赛的意识和交流能力

---

① 刘言和. 对青少年足球训练十步骤模型理论的研究［J］. 哈尔滨体育学院学报. 2005（2）：94-95.

（一）足球游戏训练

1. 体育游戏

体育游戏是在体育运动的基础上，综合人体的走、跑、跳、投等基本生活技能与劳动技能及各项体育基本运动形式，创编出多种形体动作，并根据健身、教育等的需要，有针对性地设计有教育性的情景和竞争性较强的规则的体育游戏。体育游戏是在变化的环境中进行的，它能够提高机智、敏捷、迅速的判断能力，并增强记忆能力。因此体育游戏可与各项体育项目紧密配合，在大众体育中不断发挥其健身娱乐作用；在学校体育中不断促进青少年身体全面健康发展。

2. 足球游戏训练

足球游戏训练是体育游戏中的一类运动项目游戏，可用于足球教学训练的游戏，是从教学的角度出发提出来的。曾丹、邓世俊、耿建华主编的《中国校园足球指导员培训教程》一书中将足球游戏定义为"以足球练习为基本手段，以娱乐身心，提高技能为目的的一种现代游戏方法"。[①]

足球训练中的游戏并不是足球训练与游戏的简单结合，而是将游戏活动融入足球训练过程中，根据足球训练的目的、任务创编设计游戏活动，在游戏活动中达到训练和掌握足球运动技能的目的，从而增强学生体质。

将足球游戏训练作为提高学生足球水平的重要手段，采用丰富的足球游戏内容进行足球课程训练，其理念是让学生在游戏中达到掌握足球技能和知识的训练目标。改变传统教学中为练而练的枯燥的授课形式，遵循新时代新课标理念，在玩中学，学中玩，寓教于乐。

（二）足球游戏训练的目标特征

在制定足球训练目标和游戏设计时，应该先明确足球游戏训练目标的特征。这样在设计游戏内容时才能更明确地落到课堂训练实处。制定足球游戏训练目标应明确以下三个方面：

1. 训练行为主体是学生

以学生为主体，这是教师考虑的根本，即便有些游戏环节有教练或者教师的参与，但是最终目标是提高学生身体素质，提升学生足球运动水平和技能。然后，我们还是要考虑到游戏的动作难度、运动强度、动作次数，以及考虑学生心理特点、兴趣爱好。

2. 内容为可操作和可量化

游戏有一个重要特征就是有明确的规则。学生在明确了规则的前提下，学会遵守规则。教师在讲解游戏规则时要明确动作要求，比如双脚跳或者单脚跳、大腿颠球 10 次、脚内侧踢球射门等。

---

① 周伯蔚. 足球游戏练习法对 9 - 12 岁儿童团队协作意识的影响研究 [D]. 北京：北京体育大学，2017.

3. 目的性明确

游戏是一种有意识的行为,有着明确的目的,可通过足球训练游戏训练增强体质,提高技能。通过游戏还可以提高身体活动能力和适应外界环境的能力。另外,游戏还可以针对不同的对象,进行集体主义、爱国主义、团结友爱等教育。所以说,体育游戏有着极为丰富的教育内涵和多重作用。

除此之外,足球游戏的目的性还表现在它能针对足球课的不同结构合理安排运动强度,如准备部分的游戏可起到准备活动的作用,而结束部分的游戏则可使身体放松达到消除疲劳的作用。在设计足球游戏时应该考虑到这些环节,切合教学目标。

(三)足球游戏训练的功能

1. 锻炼身体,增强体质的作用

足球游戏是足球活动开展的一种手段,它对身体起到全面的锻炼效果的同时,为了体验有趣的游戏过程,学生自觉地参与游戏当中,能发挥学生最大的能动性,起到最大的锻炼效果。通过足球游戏训练活动,学生既能达到锻炼身体、掌握知识的目的,又能完成训练任务。

2. 丰富活动内容、活跃气氛

足球项目相对于田径及其他周期性运动项目而言,趣味性相对明显,然而单一的动作技能和重复练习对青少年来说稍显枯燥。为了使枯燥的训练变得生动活泼。在枯燥乏味的训练中,巧妙地使用游戏训练可以起到调节和提高游戏者兴趣的作用。

3. 提高学生参与积极性

足球游戏训练过程中,学生对一些比较难的动作会感到比较吃力或者产生畏惧心理,从而影响了动作的掌握。因此,在学习这些内容之前应安排一些练习或与学习的内容相接近的游戏,通过游戏使学生对于所要学习的动作在大脑中有一个总体的印象,起到了诱导练习的作用,既在一定程度上降低了学生对于较难动作的恐惧心理,同时又提高了学生的积极性。

学生从足球游戏训练中会不同程度地提高速度、力量、协调、耐力等身体素质,为今后学生学习各种技能奠定良好的基础。

4. 智力提高、情感培养、品格塑造

通过足球游戏训练对学生进行思想品德教育、发展学生个性、寓教于乐,符合学生的身心发展特点。体育游戏的特点是能吸引学生积极主动地投入到体育游戏活动中,让他们的思想、行为、个性、品质都能充分展现出来,为我们抓住有利时机、因势利导、有的放矢地做好教育工作创造有利条件。

(1)促进学生的智力发展。在足球游戏训练或者比赛过程中,学生为了取胜,可以展现各自独特的思维方式和活动方法,这有助于学生智力因素发展,而且智力因素的发展为非智力因素的发展创造了条件。

(2)培养学生团结一致、积极拼搏的精神。足球游戏都是在一定规则的约束下进行

的，通过游戏可以培养学生自觉遵守规则，遵守纪律的良好习惯。而在足球教学中运用集体性游戏能够最大限度地培养学生的集体主义精神、团结互助、积极进取的优良品德。学生之间互相帮助、互相配合，共同完成一些规定性的动作，学会团结合作。这对养成学生集体荣誉感，培养集体主义精神，都有显著的作用。

（3）改善人际交往。教师在足球游戏训练开展过程中结合游戏内容对学生进行德育教育将会有意想不到的效果。因为游戏会以其特有的内容、情节、形式、规则及要求去陶冶学生的情操，培养顽强拼搏、机智果断、团结协作、遵守纪律、不畏艰苦、诚实和积极进取等优良品质。学生通过游戏活动相互交往，相互学习，情感都在有声或无声中培养。能增加彼此间的相互了解，增进友谊，一定程度上增强了学生的社会适应能力。

（四）足球游戏训练的设计原则

原则是指人们进行工作时要遵循的基本要求，是人们在原计划上对工作进行拓展和变更时规定的界限，是人们保留某个事物性质的底线。同样足球游戏的设计创编也应遵循一定的原则。足球游戏创编设计原则应包括趣味性、竞争性、针对性、结合球、实用性、全体性等六大原则，[①] 如图1-1所示。

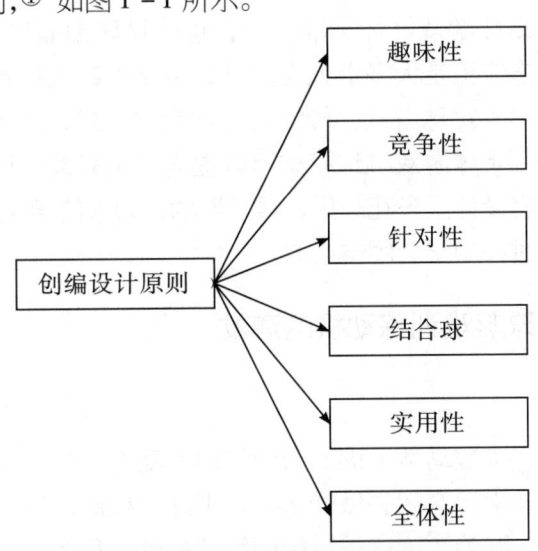

图1-1 足球游戏创编设计原则

1. 趣味性

既为游戏，必然考虑到学生的兴趣，否则就不是游戏。试想教练组织大家进行一个游戏，学生一听游戏内容就耷拉着脸，游戏还能进行吗？因此，在构思足球游戏时，先考虑是否有趣，是否能够激发学生参与进行的欲望，这是足球游戏创编设计原则最重要的前提。兴趣往往与竞争性联系在一起，对小学生而言，游戏带有同伴竞争、小组竞争、能彰显个人"本事"的环节比较容易引起学生的兴趣。

---

① 王健. 足球游戏在现代足球教学中的应用[J]. 四川体育科学, 2007 (4)：144-149.

2. 针对性

考虑不同水平阶段足球教学的内容，需要选择与训练目标相吻合的游戏内容。同时还可考虑多增加一些和训练主题相关的游戏作为辅助和补充。在游戏的选择上，创编设计前要考虑是否符合这一阶段的教学训练目标，做到游戏内容与教学内容有效结合。每一个足球游戏的设计都有一个目的，如热身、放松、锻炼某一足球技术，还是改善某一战术意识，围绕此目的，针对游戏规则、操作程序、游戏工具进行规定和限制，这是足球游戏创编设计的主要目的。

3. 实用性

游戏是训练的一种形式，在使用游戏训练时应实时观察学生的动态情况。同一个游戏使用的次数过多或者进行时间过长，会导致学生的训练效果大打折扣，应避免为游戏而游戏，在游戏结束时教师进行"画龙点睛"的总结，能使足球游戏训练达到事半功倍效果。

4. 全体性

全体性这也是评价足球游戏好坏标准之一，也是足球创编设计需考虑的内容之一。游戏过程中，所呈现状态应该是大多数人在活动，尽量少数人在等待，甚至没有人在等待。这样才能让所有人参与足球游戏。传统的足球教学模式，内容枯燥，方法单一，学生的学习兴趣低下，采用足球游戏训练模式可以提高学生兴趣，让学生在兴趣中得到锻炼。这就要求在游戏内容设计上多花心思、再三斟酌，力求使学生身体得到锻炼的同时，掌握运动技能，在游戏过程中学会团结进取。

二、小学校园足球游戏训练动机的激发

（一）训练动机

所谓训练动机，是直接推动学生训练活动的训练动力，它能够说明学生为什么而训练、学生的努力程度以及学生愿意去做什么等。训练动机能激发起适当的训练行为，使这一行为指向某一目标，并为达到这一目标而维持的练习行为。正是由于训练动机的作用，学生会表现出渴求掌握某种技能的迫切愿望、主动认知的态度和高涨的积极性，会自觉主动地进行训练活动。

训练动机可以促进学生主动训练，使学生具有明确的训练目标，从根本上明白自己为什么要训练，朝着哪个方向努力，使学生积极主动并持之以恒为达到自己的目标而去进行身体练习的探索或者思考。通常情况下，训练动机意愿强的学生能够在长时间的训练中保持认真的态度并能坚持完成训练任务，训练动机意愿不强的学生在训练中面对困难会产生放弃的消极想法、不能保持注意力和自觉主动地练习。但动机强弱与训练水平之间的关系也并不是简单的直线关系。根据耶基斯—多德森定律，达到最高作业水平的学习动机水平强度为学习动机的最佳水平，即学习动机水平的强度适中，对学习具有较适宜的促进作用，且学习效率高；而学习动机水平较强或较弱，则学习效率低。因此，

在学校足球教学训练中，教师应该考虑的一个重要问题就是如何使学生的足球训练动机水平适当，避免给学生提出的目标过高，或给学生施加的压力过大。目标过高、压力过大不仅不能促进学生的训练意愿，反而会增加他们的焦虑和紧张的情绪，思维受到一定的限制，给训练带来不良的影响乃至造成终身的心理障碍。

（二）训练动机的激发

1. 学习习惯与学习态度是根本

良好的学习习惯是学习知识、培养能力、发展智力的重要条件。学习习惯不仅直接影响学生当前的学习，而且对今后的学习乃至工作都会产生重大影响。因此，培养学生养成良好的学习习惯是学校、教师、家长的一项重要任务。学生养成良好的学习习惯和学习态度，会体现在认真对待每一学科的学习。

相同的教材内容、同一教师教授的情况下，学生表现出来的学习情况不尽相同，影响因素主要为智商和习惯。智商的高低，是先天的禀赋；而良好的学习习惯，却完全取决于后天的培养。这样说来有些笼统，如对于小学生而言，良好的学习习惯主要有课前预习、上课认真听讲、课后复习、独立思考、整理自己的学习用品、生活作息规律、每天体育锻炼，等等。

2. 学生的内在动机及其激发

认知动机即认知的好奇心，是内在动机的核心，是一种追求外界信息指向求知活动的内驱力，行为表现为好奇、探索、操作和实践。① 如何激发学生的内在动机是学校教育应当考虑的一个重要环节，并为之不断探索。在学校教育教学中，教师将学生引入到一种认知矛盾的状态，使之产生特殊的好奇心是一种有效的途径。具体有以下四种途径：

（1）情境导入。教师引起学生认知兴趣的常用方法。教师通过"设疑"使学生对要学习的内容产生兴趣，将学生引入到问题之中。常用的有效"设疑"策略有：提出与学生已有知识相矛盾的现象；先为学生设定一个基本的准则，在学生理解之后，罗列出不符合这一准则的事例；设定多项选择题等。②

（2）让学生自我决定。是指教师在具体的教学过程中，既要采取外部强化的方式去控制学生，又要注意引导学生理解和运用所学知识。注重改善师生关系，鼓励学生积极参与，激发学生对课程的兴趣。

（3）构建合作环境。教师引导学生总结自己的学习能力及其认知上的成败经验，使其对学习产生兴趣，激发学生努力追求掌握目标的内在动机。例如，小组合作探究法，可以采用异步分组法，不同层次的学生组成一个探究小组，在学习探究中，互相质疑、讨论、切磋、提升，从而激发学生的内在动机。

---

① 侯丽琼. 学习动机理论与大学英语教学：问题与措施［J］. 社科纵横：新理论版，2007（1）：275 - 277.

② 李祖超. 学校教育的激励与激励因素分析［J］. 现代教育科学（普教研究）. 2004（3）：1 - 5.

（4）优势迁移。每个学生都希望自己的长处得到别人的赞赏和肯定。寸有所长，尺有所短，每个学生都有自己的不足之处。当学习上遇到难题时，教师应善于将学生的优势和即将所学联系在一起，从心理上采取"欲擒故纵"的策略，学生往往会"中招"，教师此刻"顺水推舟"，学生就相对容易"正中其怀"。例如，一名物理成绩不是很好的学生对组装收音机感兴趣，教师可将这种活动与物理学习联系起来，使其对物理学习产生深厚的兴趣和内在动机。

3. 学生的外在动机及其激发

马克思主义哲学认为，事物的发展是由内因和外因两个方面共同起作用的，而外因要通过内因才能起作用。在当今学校教育环境下，学生的学习动机由本人、家庭、学校三个主要方面共同作用，而外因的学校和家庭又至关重要，相辅相成。在学校层面，教师为了激发和维持学生的外在动机需要有效地利用各类强化手段，根据实际情况需要注意以下三个方面。

（1）目标明确适宜。让学生学会自己订立一个具体明确、难度适当、力所能及的目标，且较容易受到强化。教师在对学生进行教育时，认为学生提出一些远大的目标才能稳定和持久。尤其是在小学阶段，明确的阶段细分目标才能不断强化学生一步一个台阶的意识，并指引其前行。太远的目标较易使低年段学生感觉与目前学习没太大关系，加上由于青少年儿童本身自控力较弱，制定目标应考虑一要近，二要努力可及。一个学期的课程目标只有划分成单元目标和每节课的课时目标，才对学生产生激励作用。①

（2）及时反馈。教师要及时反馈学生的学习效果。学生学习效果的反馈具有信息作用，通过效果反馈，学生能够知道自己在学习上所取得的成绩，是否完成目标，从而进一步激发学习动机。

（3）评价应多正面。教师要对除分数外的学习效果进行适当的评价，包括等级、评语、表扬或批评等，这种评价会使强化的情感作用发挥出来。教师应多用正强化，慎用负强化。教师的表扬、批评能够给学生的学习活动予以肯定或否定的强化，从而巩固、发展或削弱学生的学习动机。对学生学习动机的激发，适当表扬的效果明显优于批评，批评比不做任何评价要好。素质教育下和在学校的教育教学中，教师的评价、批评与表扬，要考虑到学生的个体差异。对学习成绩较差、自信心较低的学生，应以表扬鼓励为主，使其获得更多的表现机会，逐步树立学习信心；对于成绩较好，但有些自傲的学生，可以适当地"降温"，以免其过度膨胀。

三、小学校园足球游戏训练的步骤

足球训练是一个长期工程，先明确目标才能制定阶段目标，并做好步骤规划，对于一节足球课的学习安排也是如此。一堂训练课要制定一个主题，足球训练主题包括控球、传球、速度、敏捷度、力量等练习。坚持快乐足球的理念，用丰富的游戏内容贯穿训练

---

① 彭红兵. 激发和培养学生的英语学习动机 [J]. 科教文汇，2007（30）：114.

之中，在安排训练步骤、设计训练内容时应考虑到以下三个方面。

（一）先游戏后训练

通过小学体育课堂教学发现，小学生对体育游戏普遍有浓厚的兴趣。通过巧妙的游戏环节能充分调动学生的积极性，使学生全身心参与到学习训练活动中来。因此，我们在足球训练课堂热身准备活动时可先考虑进行足球游戏，通过游戏的方式让学生达到热身效果，在设计和选择游戏时能结合本节课的训练内容的重点，游戏和训练内容要有一定的相关性，比如，训练的内容为脚内侧传地滚球训练，可以采用"遛猴"游戏，学生实际上在游戏同时也在练习脚内侧踢球技术。

学生在游戏时或有"成功"，或有"失误"的体验，这个时候必然会想改进和提高自己的游戏成功率，这样，学生便会积极主动学习足球相关的技术动作。如此设计就能调动学生训练的积极性及能动性。

（二）优先考虑年龄水平阶段

水平一的学生在刚开始接触足球运动项目时应该让其进行足球游戏，通过足球游戏让学生接触足球，对球的运行路线、空间感逐渐有了一定感知和判断，当有了一定球性后再融入简单足球技术技能的学习就显得容易了。在水平二阶段应该考虑学生实际接受能力，仍然是以娱乐足球为主，简化技术训练。让学生在游戏中进一步熟悉球性。青少年足球训练应采用简化的练习，即设计的练习不能复杂化，技术练习环节要尽可能少（一般控制在2~3个环节），以便组织、指导、教学和学习，有利于学生对练习准确地理解和把握，在练习中不断地重复和强化。在有对抗的练习中，由浅入深、由易到难、从简到繁、从点到面、从局部到全局，循序渐进地拓展足球比赛所需的技（战）术和身体能力；逐步增强比赛的意识和交流能力，促进学生竞技比赛能力全面协调地发展。

（三）根据足球教学技术内容

足球技术动作有难有易，有繁有简。足球教学训练是一个系统的过程，所以在安排足球游戏训练时应该是从简到繁，由易到难，遵循循序渐进的训练原则。从足球技术内容方面来看，小学足球游戏训练一般采用以下七个步骤。

1. 讲解示范

教师讲解示范动作要领和过程，使学生初步认知动作概念，这个环节很重要，尤其在低年级段，学生的语言理解还没到位，对直观的示范较能在脑海形成记忆。

2. 模仿练习

模仿练习阶段一般采用不结合球的"徒教"练习，进一步明确动作概念，在对动作概念有一定的认知后，再结合球进行练习。

3. 简单条件

根据训练的由易到难，循序渐进的原则，学生可以在简单的条件下练习。如在原地、慢速、近距离、定位球等情况下进行练习，反复多次地重复某一动作，巩固技术动作的学习。

4. 改变条件

学生在简单条件下能较好地完成任务时,可及时改变练习的条件(要求),如原地练习变为行进间练习;慢速变为中、快速;定位球变为行进球;近距离变为中、远距离;单个动作变为组合动作等,以此达到巩固、提高的目的。

5. 逐渐对抗

经过几个阶段的基本技术技能训练,学生的足球技术水平随之提高。这时,应适当安排一些有对抗的游戏或比赛,让学生从消极对抗逐渐向积极对抗过渡。对抗练习既可以提高学生的兴趣,又符合比赛的需要,同时也为今后参加足球比赛奠定基础。

6. 专项体能训练

体育的每个项目对身体素质有不同的专项要求,随着学生参与一些足球基本技术技能的训练和掌握,已经开始接触到身体的对抗,此时,在训练中增加一些足球运动的专项体能训练是非常必要的,专项体能训练是保证队员能在真正比赛中发挥自己技术水平的基础。

7. 比赛练习

经常参加体育对抗性运动的人都有这样的体验,平时练习与比赛中的心理情绪相差很大。足球的技术动作在真正对抗时会显得拘束和不尽人意,这都是因为外界条件在变化。只要在实战中多练习,才能真正有效提高比赛水平。在比赛或竞赛中练习、检验和提高运用能力更是一种高效的训练方式。

第二节 小学校园足球游戏训练原则

一、体育游戏教学理论依据

(一)我国体育游戏教学理论的产生背景

中华人民共和国成立至 20 世纪 80 年代以前,中小学体育课堂一直是简单、枯燥、单一的模式,从 20 世纪 80 年代开始打破困境,全国陆续尝试了各种体育教育教学改革与实验,如快乐体育等。在这样的背景下,游戏的教学作用逐渐得到认可,教师纷纷把体育游戏作为教学的重要手段,在小学和幼儿教育阶段更是如此。然而,透过现象看本质可以发现,这一困境的实质就在于现行体育课堂教学过分束缚"体育世界"而脱离了学生现实体育生活。显然,解决这个问题,仅靠把教学游戏化是远远不够的。我们从本体意义上重视体育游戏的教学价值,提出一种新的教学观——体育游戏教学观,即把教学作为游戏,让体育教学充满趣味性,试图为我国的体育课堂教学改革提供启迪和导引。

（二）游戏教学观的确立

把教学视为游戏，这多少会引起人们的质疑。然而，从根本上看，把教学看作游戏，这完全是可行的。一方面，游戏是人的存在方式，这一点在约翰·胡伊青加的著作中得到了系统的阐述。他在其著作《人：游戏者》中从历史、文化等多维视野对游戏与文化的关系进行了考察，提出了颇具胆识的观点——"人是游戏者"，从而宣告了游戏作为人和人类文明的存在方式，从本体意义上揭示了游戏与人的关系，这意味着人的整个生活都应该且能够充满着游戏的内在品性。另一方面，这要涉及对教学的本真追问。在我们看来，教学作为实现教育的基本途径，它具有教育的全部内涵，它的对象是人不是物，是"成人"之活动，而不是"成物"之活动，也不是"只是将青年人培养成有用之才"，而是指向人的整体生成。既然本体的教学是"成人"的，它就必须"像人本来那样去教育"，而"人是游戏者"，这样，教学便与游戏的内在精神存在内在相通的联系。由此看来，教学以游戏的方式存在本是教学本身的内在诉求。

二、小学校园足球游戏运用的目的

（一）游戏是小学阶段体育教学的主要形式

体育游戏是集健身、教育、知识和娱乐于一体的综合项目，符合小学生心理和生理的发展需要，是当前小学生体育教学的主要方式之一。体育游戏教学内容丰富、课堂气氛生动活泼，能促进青少年儿童对社会及自然的认识，培养小学生合作、友爱、团结品质的养成。游戏可以灵活地运用在准备活动、基本部分和放松部分等每个环节，以实现各具体教学目标。

（二）游戏在体育教学中的作用

1. 促进德智体美劳全面发展

新课改提倡全面发展学生的德智体美劳综合素质。在体育教学中开展游戏活动，学生必须遵守游戏规则，有利于培养学生良好的道德品质；通过开展各类游戏，学生的创造力、解决问题的能力得到培养，如策略游戏有利于学生智力的发展，同时体育游戏是结合身体的走、跑、跳、投等动作来完成，提高了学生身体素质。

2. 提高兴趣，促进参与

体育运动本身是比较消耗体力的，尽管低年级阶段的学生总体活泼好动，但仍有部分学生对体育运动缺乏兴趣和激情。鉴于此，在体育课堂中运用竞赛性的游戏，可以有效提高学生兴趣爱好，从而更好地达成教学目标。

3. 培养学生的集体荣誉感

在体育游戏开展中通常以若干人组成的小组为单位形成小集体，然而每个人都有自己的长处和不足，当其小组作为整体进行体育游戏时，学生可以感受到集体的力量和温暖，但偶尔会出现不和谐的相互埋怨和指责，此时教师应对突发问题给予学生引导和教育。在小组合作完成一项内容时，学生间的合作、交流、集体荣誉感会得到加强，有利于学生养成与他人相处的良好社会品质。

（三）围绕足球学习内容设计游戏，以乐促学

孔子提出"因材施教"的教学方法，即教学有法，教无定法，贵在得法。在小学足球学习和训练中，选择适合的游戏提高学生的学习积极性及学习效率是足球游戏在教学中运用的初衷。在游戏的选择和设计上应该是围绕足球练习内容而定，再者应考虑学生的实际情况确定游戏的运动量和难易程度。

三、小学校园足球游戏设计的原则

足球游戏主要是以持球结合游戏的形式而进行，由于足球游戏自身的趣味性、娱乐性等属性深受小学生喜爱，在足球教学训练中合理地运用足球游戏，能够有效激发学生参与足球学习的积极性和主动性，提升课堂学习效果，从而促进教学水平的提升。《中国校园足球指导员培训教程（试行）》一书中将足球游戏定义为以足球练习为基本手段，以娱乐身心、提高技能为目的的一种现代游戏方法。① 足球游戏并不是足球教学和游戏的简单结合，而是将游戏活动融入足球教学中，根据足球教学的目的和任务创编的具有一定游戏性的教学活动，所以游戏必须要与课程结构、目的和任务相结合。作为一种寓教于乐的体育活动形式，足球游戏往往会使枯燥的课堂变得生动有趣，有效激发学生学习的积极主动性，以此提升整个课堂的教学效果。小学足球游戏主要是服务于足球课堂教学和训练的，因此，在实际的教学中要设计一个足球游戏活动，实现提高教学质量的目标，除了要把握好游戏的教育性、趣味性、竞技性这些根本属性外，更应遵循体育游戏的基本原则，避免教学中出现选题随意、内容陈旧、组织混乱等现象及发生安全事故。

（一）足球游戏的目的性

足球游戏的设计要与教学计划、教学内容相吻合，有计划、有目的地开展，注重各个不同的教学环节中采用有针对性的游戏。

1. 课堂开始环节

在课程开始部分要选择以集中注意力、热身为目的的准备性游戏，以提高学生大脑皮层的兴奋度，尽快进入课堂情境。下午第一节课开始同学们进入课堂的状态较慢，我们可以选择："报数游戏""反口令练习（原地转法）""传球触人"等游戏使学生迅速进入课堂教学中。

2. 课堂基本内容环节

在足球练习课的基本部分要设计和选择与基本教学目的相配套辅助性游戏，主要是让教学基本部分的有关关节、肌肉群做好准备活动，为学习新技术做好铺垫而采用的辅

---

① 曾丹，邓世俊，耿建华. 中国校园足球指导员培训教程（试行）[M]. 北京：人民体育出版社，2015.

助性和诱导性游戏。例如，在学习弯道跑技术前而采用"十字接力跑"游戏，能够提高学生练习的积极性。

3. 体能练习环节

发展学生身体素质要设计和运用与专项的练习相吻合的游戏内容，使单调、枯燥的素质练习变得生动活泼。例如，发展下肢力量的"踏石过河"游戏、提高快速跑能力的"追逐跑"游戏，能很好地结合游戏达到锻炼效果，提高学生参与的积极主动性。

4. 身体放松恢复环节

在一节课的结束放松部分采用放松性游戏能迅速转移大脑皮层的兴奋点，让学生的肌体和心理得到放松和恢复。例如，采用韵律游戏或智力竞赛游戏"看谁先笑"，能起到很好的放松效果。

总之，在不同的教学环节应该有不同的足球游戏设计，要具有一定的针对性，使游戏内容与课程结构保持一致，才能更好地实现课堂教学目标。

（二）足球游戏的趣味性

趣味性是体育游戏的一个本质特征。传统的足球课堂教学在技术战术的练习方式上显得比较枯燥乏味，学生的学习兴趣不高。如果在教学过程中，充分发挥游戏的趣味性，合理安排一些有一定竞争性和趣味性的游戏，就可以最大限度地激发学生的积极主动性，从而活跃课堂气氛，更有效地完成教学任务。兴趣是最好的老师，对小学生学习而言尤为重要。儿童的心理特点表现为活泼、好动，容易对事物产生兴趣，形象思维占优势，有较强依赖性，喜欢集体活动，但有时不能正确估计自己的能力。① 小学生更容易接受和学习符合自己兴趣爱好的事物，例如，好玩、有趣的体育游戏，一方面能够提高教师的体育教学效果，另一方面还能促进学生的全面发展。因此，在设计足球游戏的过程中，要注重提高游戏的趣味性。游戏活动本身就具有一定的趣味性，所以在进行足球游戏设计时，还要根据具体教学内容的不同，进行合理的游戏设计，保证游戏的趣味性和锻炼价值。可以通过创设一定的情境，发挥学生自主想象的能力，让学生更好地进入游戏角色。例如，在进行足球运球教学时，设计"青蛙与蛇"的游戏，设定游戏故事情节为青蛙在稻田里遇到了蛇，青蛙要逃命。"青蛙"和"蛇"由学生扮演，青蛙在逃跑的时候要进行"蛙跳"，蛇在追赶的时候要进行"S"形运球跑。教师可以在操场上选取50米的距离，然后曲线放置若干个障碍物，"青蛙"依次越过障碍物到达终点，"蛇"则成"S"形运球到达终点，若在"青蛙"到达终点前，"蛇"没有捉住"青蛙"则"蛇"失败；游戏可分成多组同时进行。通过这样的情境设置游戏，学生会在游戏中不自觉地完成了足球运球训练和蛙跳练习。另外，面对中低年段的学生还可以通过修改游戏名称的方式来提高他们的参与兴趣。

（三）足球游戏的创新性

创新就是不因循守旧，不照搬、复制别人的思路和方法，通过吸收新观点、新手段，

---

① 王步标. 人体生理学［M］. 北京：高等教育出版社. 1994.

从场地、器材、内容、方法、规则等多方面借鉴、改进、整合、移植、推陈出新、举一反三，创新性地在"新""特""亮"字上下功夫，要努力寻找游戏的"嫁接点""迁移点"，以"新"激"趣"，以"新"为"饵"，激发学生参与体育运动的热情。①

经常性做同一游戏，学生会感到乏味。根据课堂教学实际，教师可以大胆创新，使课堂更新颖、教学更有效。同时鼓励学生创编游戏，让学生在游戏中锻炼身心、活跃思维、陶冶情操，充分发挥学生的主观能动性。教师在原有游戏的基础上进行改编、变化，并在原有的基础上加以发展。例如，"长江，黄河"游戏，除采用站立式起跑外，也可以用蹲踞式、半蹲踞式、俯卧式和仰卧式起跑。改变原有的游戏规则或者是在原有的游戏基础之上对游戏进一步深化和挖掘。当然，在此期间还应发挥教师的积极引导作用，使学生的创造力得到较好的提升。游戏改编不限于游戏的内容和方法，也可以对游戏名称和队形进行改编。如将"开火车比赛"游戏的名称改为"集体夺红旗"，在游戏的终点线插上几面红旗，"火车"到达终点后以先夺到红旗的队为胜。游戏队形由原来四路纵队改为圆形，"火车"可朝圆心或圆外方向开。通过对游戏的改编可以提高学生的兴趣和游戏的利用率。

总之，体育教学中教师应从游戏入手，突出游戏特点，充分挖掘游戏与教材的衔接点、融合点，充分整合教学资源，使游戏巧妙地融入体育教、学、练、赛，促进学生的可持续发展。

（四）足球游戏的教育性

游戏是在一定规则和要求下进行的，而规则和要求是游戏顺利进行的保证，也是评定游戏胜负的重要依据。体育游戏要有严格的比赛规则，使学生在利益均等的条件下进行公平比赛，但规则不要太复杂、烦琐，否则易影响学生的创造力和个性的发展。规则本身也具有一定的教育意义。

1. 提高规则意识、增强意志品质

在一定规则和要求下进行集体游戏时，学生要相互帮助、互相合作，共同完成一些指定动作。这对培养小学生良好的集体生活习惯和集体观念、养成顽强的意志品质都有着实际意义。在游戏过程中，要求他们遵守规则，形成良好的体育道德和体育精神。

2. 促进人际交往

在一定规则的要求下，学生可以轮换扮演不同的角色，按照个人处在不同的顺序、条件、位置承担不同的任务与职责，要处理好个人与同学间关系，发挥个人的职能和作用，这是对个人与他人相处能力的一种锻炼。从而促进学生在活动中加强人际交往。

（五）足球游戏的灵活性

足球游戏的难度要适中，规则不能过于复杂，要让学生发挥自身的思维与创造力。过于复杂的足球游戏不但会占用大量的时间讲解规则和游戏方法，还有可能影响课堂教

---

① 缪梅珍. 小学课堂体育游戏的设计与运用浅析［J］. 体育师友，2013（5）：8－9.

学时间，还会因为其操作性不强而使学生失去兴趣。因此，在设计足球游戏的时候，要搭建好大致的游戏框架，保留一些较为实用、简单的内容即可，不必过于高深和烦琐。但是，游戏的设计也不能过于简单，过于简单的游戏会让学生觉得没有任何挑战性和吸引力，进而导致他们参与游戏的积极性会降低。因此，在设计足球游戏的时候如何把握好体育游戏的难度是非常重要的，必须根据实际情况，遵循灵活性原则。

灵活性还包括适宜的运动负荷和合理的游戏时间安排。小学生正处在身体生长发育阶段，我们在足球游戏教学中不但要遵循运动技能的形成规律，还要遵循少年儿童身体机能适应性规律和生理机能活动能力变化规律。例如在一节脚内侧传运球的教学课中，刚开始可以安排小运动量的"围圈抢球"游戏（可分组多人抢球），以达到热身的目的；接下来安排运动量适中的发展和强化足球技术的专门性足球游戏，通过游戏使学生掌握一定的足球技术；最后安排一个运动量稍小的放松性游戏，使学生尽快消除身体疲劳。还需注意一点的是，在进行游戏的过程中，会对学生的体力造成一定的消耗，所以不论是哪个教学环节的游戏设计，都应该把握好一个"度"，不能让学生在游戏中耗费过多体力，造成在课堂训练过程中体力不足。此外，因为游戏往往具有娱乐性，游戏的时间不易把控，过于宽松的游戏环境也会使得足球课堂的纪律受到影响，不利于学生对知识的掌握和学习，容易造成与教学目标的偏离。

（六）足球游戏的系统性

系统性原则是根据人体机能发展规律、人体生理机能活动能力变化规律、动作技能形成的规律等合理地安排教学训练内容、组织教法和掌握运动负荷的训练原则。从广义来讲，系统性原则包括循序渐进原则、不间断原则和巩固性原则。在足球运动的教学训练中，除要求要符合足球技术本身的系统性外，还要求教材前后连贯，教法顺序要由简到繁，由易到难，运动负荷也要由小到大，从弱到强，这样才符合循序渐进的原则。[①] 足球游戏的设计同样要遵循系统性原则，在设计足球游戏的过程中，同样要遵循由简到繁，由易到难，循序渐进的规律。例如，足球运动各种传、接球技术，首先要学脚内侧传、接球，因为脚内侧传、接球是足球技术中最简单、最容易学的技术，然后在此基础上逐步增加难度。

另外，游戏设计还需要考虑学生的发展梯度，依据序列，形成游戏的资源包。在教学内容的选择上，应结合学生的年龄特点，采取先易后难的教学内容。比如对于水平一的学生，教学内容应以基础性的球性练习为主，通过足球游戏锻炼学生基本的跑、跳能力，发展学生的灵敏性和协调性。随着学生年龄的增长、年级的增高，教学内容应从基础球性练习向基本传、运、射等技术靠拢，锻炼学生足球专项技术，通过开展小型比赛，发展学生的团结协作精神，增进其技术运用，增强身心健康发展。小学低、中年级段重在激发学生对足球的兴趣，可以设计一系列的足球游戏来培养学生的学习兴趣，提高球

---

① 刘福林. 体育游戏（修订版）[M]. 北京：北京体育学院出版社，2010.

感和踢球技术。如水平一足球游戏资源包：一年级通过"夹球蹦蹦跳"游戏，达到活动身体各个关节的作用；"打野鸭"游戏培养学生的快速反应、身体灵活性和协调能力；"谁是球王""颠球大王"等游戏培养学生球感和对空中球的判断能力；"赶小猪"游戏培养学生脚内侧运球技术；"小鸭子办年货"游戏巩固脚内侧运球技术，发展脚内侧传球技术；"喜羊羊送西瓜"游戏巩固脚内侧传球技术；"蛇形穿越"发展学生身体灵活性和协调能力。二年级学生通过"运球高手"游戏培养学生脚外侧运球技术；"穿越封锁区"游戏提高学生脚背带球的能力；"黄河、长江"游戏发展学生快速反应，提高停传球技术；"鲤鱼跃龙门"游戏发展学生头球技术；"打败灰太狼"游戏培养学生射门技术；4 vs 4 足球对抗赛培养学生对足球比赛的兴趣。同理，可以在水平二、三、四阶段设置相应的其他游戏资源包。

（七）足球游戏的安全性

在足球课堂上进行适当的游戏设计不仅有利于教学效果的提升，而且对学生的身心协调发展也有一定的促进作用，但是很多游戏在实施过程中也存在一定的安全隐患。这就要求在设计足球游戏的过程中要以安全第一为原则，将足球的场地、器材、学生的实际情况等因素考虑在内，保证设计的游戏具有安全性。因此，体育游戏从设计到组织、内容到方法、场地到器材、形式到手段等都应以安全为标尺，制定应急预案（学生受伤、比赛争吵、器材损坏、违反规则等）。教师对游戏内容、方法、路线、队形、范围等进行准确讲解与示范（有必要时可让学生跟随教师一起进行预演）；教师既要严肃、明确、具体地告诉学生在什么时候、什么地点进行练习，更要严密监控整个游戏过程，实时应变，确保游戏进程的安全。

1. 场地器材的准备要到位

认真做好场地器材的准备，如检查场地是否有积水或者沙粒，器材是否存在松动或不牢固等情况。场地器材的提前准备和检查是提高游戏教学质量、保证游戏安全的必要条件之一。

2. 考虑力求全面

在设计体育游戏时，要考虑学生原有的知识、技能、身体条件和训练水平，根据由易到难、由浅入深、循序渐进的原则，区别对待不同年龄、性别的学生，做到及时调整练习密度和运动量，时刻观察学生的身体变化。

3. 强化纪律常规

游戏过程中必须重视纪律教育，以保证游戏秩序井然地进行，否则易出现混乱，甚至出现安全事故。在一些容易出现危险的游戏中，要明确规定哪些动作视为犯规，例如，在"斗鸡"游戏中，用膝关节去碰撞对方，极易造成伤害，应将此视为犯规动作。

4. 游戏结果评级应公正

游戏结束后做点评是非常重要的，总结环节能起到画龙点睛的作用。应充分肯定学

生在游戏中表现积极的方面，指出各队在发挥集体力量和遵守规则、执行规则方面及在技术、战术运用与发挥上的优点。对游戏中表现较好的学生提出表扬，同时鼓励其他同学克服困难，争取下次做得更好。

综上所述，足球游戏设计应当遵循目的性、趣味性、创新性、教育性、灵活性、系统性、安全性七个原则，这七个原则本身就是一种对立统一的关系，这就要求我们在游戏的设计和实施过程中必须一切从实际出发，根据小学生的身心发展特点（如各年龄阶段身体素质发展"敏感期"和心理特征）、运动技能形成规律（如由简单到复杂、由易到难）和身体机能活动变化规律（运动负荷的合理安排），结合年龄、性别、身体条件、训练水平，以及场地、器材、设备、气候等客观条件对足球游戏进行科学合理的设计，并不断总结和改进，以充分发挥游戏教学的有效性，促进足球教学质量的不断提升。

第三章　小学校园足球游戏分类及形成规律

小学校园足球游戏的创编与设计为小学校园足球的教学提供指导，在足球教学中，根据教学内容有选择性地运用辅助性游戏，不但能大大激发学生的学习兴趣及积极性，还能更好地使学生对足球基本技术及技能加以巩固，提高其战术意识，增强学生的身体素质，从而提高运动机能。

应充分了解小学校园足球游戏的概念、特点及教学中运用足球游戏的要求，明确足球游戏的分类，把握小学校园足球游戏教学的形成规律，从而为小学校园足球的教学指引方向，为足球教学中足球游戏的运用奠定坚实的理论基础。

第一节　小学校园足球游戏分类

一、小学校园足球游戏

（一）游戏

1. 游戏的概念

游戏是一种古老、普遍的活动，其本质上是人类的社会实践活动，是社会发展过程中由于需要产生的，是人类社会的一种文化。从古至今，许多教育学家、社会学家、人类学家等对游戏进行深入探索，从不同领域和角度对游戏进行全面界定。

从生物学角度将游戏视为生物学的盈余和虚拟转化，如席勒和斯宾塞的"剩余精力说"等。

从心理学角度将游戏看作是游戏者的主观观念，如詹姆士·兰格的"幻象说"和谷鲁斯的"内模仿说"。

游戏是体育运动手段的一种，亦为文化娱乐之一，是以一定形式反映人类社会劳动、军事、文化、生活等方面的活动，分为发展智力的游戏和发展体力的游戏两类，前者成为智力游戏，包括文字游戏、图画游戏、数字游戏等，大都属于文化娱乐；后者是体育活动的重要组成部分，并有活动性游戏和竞赛性游戏之分。

日本学者今春浩明认为："竞技运动从广义上来讲与游戏同义，从狭义上来讲认为竞技运动是游戏的各种形式之一。"

美国学者认为："竞技运动从根本上讲是游戏的延长，它的基础在于游戏，他的价值是从游戏中派生出来的。"

综上所述，游戏作为人类特殊的活动之一，是竞技运动和体育教育的最初来源，游戏能改善和提高各种活动技能，如走、跑、跳、投等包括日常活动中所必需的生活技能，同时又是以娱乐为目的的本能性很强的活动，它的特点表现为趣味性和竞争性，正是这两种特性成为人们长期以来参与游戏活动的动力，使游戏得到广泛普及和深入发展。

2．游戏的内在精神

从符号学观点角度看，一个符号既包括能指，又包括所指。能指组成了表达方面，而所指组成了内容实质方面。如果将游戏作为一个符号来分析，表达方面主要是指游戏这个词的抽象符号形态，而内容实质则指游戏活动本身所蕴涵的意义、精神、品格。对具体游戏活动而言，它的外在规则秩序显现了"能指"方面，而内在精神品格则与"所指"关联。这二者既可统一又可分离。在我们看来，游戏的形式并不重要，重要的是游戏的精神。那么，游戏的内在精神究竟是什么呢？

（1）自由性。约翰·胡伊青加所言："与游戏本质特征不相容的那种东西，即目的概念。"在游戏中，游戏者摆脱一切外在的目的和压力，完全陷落、沉迷在游戏之中，被游戏所吸引，达到"物我两忘"的境界。这样游戏也必然是自由的。可以说，没有自由就没有游戏，"自由在何处止步或被限定，游戏便在哪里终结"。但自由并非任意妄为，受严肃约束，是内在的严肃，而不是外在的强加的严肃。游戏是一种在某一固定的时空范围内进行的自愿的活动或消遣，它以自身为目的，其规则是游戏者自由接受的，但又有绝对的约束力。

（2）开放性。在游戏中，游戏者全身心沉浸于游戏之中，相互敞开，又相互接纳，从而不断实现视域融合和精神的拓展，这就是"对话"。"对话"使游戏者不断从一种可能性迈向另一种可能性，在"重复往返"中不断认识自己。这正是伽达默尔所强调的游戏的"特有的精神"。他说："对于人类的游戏来说，富有特征的东西是它游戏某种东西"，正是这些有魅惑力的东西使游戏把游戏者卷入自身。在这个意义上，可以说"游戏的真正主体并不是游戏者，而是游戏本身"。所以，游戏靠它特有的内部秩序规定的境域是有限的、封闭的，但同时又是无限的、开放的。游戏就是使封闭的世界同时成为一个可能的世界、一个充满无限可能性的意义境域。

（3）体验性。从形式上看，游戏是假象的、虚构的，但从实质上看，游戏者在游戏中获得的体验却是真实的。在游戏中,游戏者把自身完全交付给游戏,无所谓主体,也无所谓客体。游戏者与游戏世界直接"遭遇",其身心与游戏世界不可分割地融合在一起,此时,游戏者心醉神迷,移情忘怀,这里不仅人的意识处于"悬置"状态,而且一切事物都富有了生命意蕴。游戏者此时便与人类经验进行着内在的交流,直接引起心灵的"震颤",激发对意义的追问与感悟。因此,这种体验也必然是本真的、存在性的。

3. 游戏教学观的内在意蕴

游戏不只是一种娱乐活动,它还具有重要的教育价值。这一教育价值历来被人们所重视,从柏拉图到亚里士多德,从福禄倍尔到约翰·杜威,莫不如此。今天,随着教育教学改革的不断深入,游戏的教育价值更加凸显出来。就我国学校教育教学实践而言,人们正逐步抛弃那种"游戏与教学的对立观"。他们或者主张"游戏与教学的并行观",即专门开辟一段时间(主要是在课外活动)让儿童游戏,教师尽量不去干涉儿童的游戏活动,让他们自由进行;或者主张"游戏作为教学的手段观",即把游戏作为教学的手段、背景、技术、策略,如愉快教育、乐学教育。

在我们看来,把游戏作为教学的手段纳入到教学中来,从而让教学获得了游戏的外在形式,这不仅让教学充满乐趣,吸引儿童的注意力,让他们积极主动地参与到教学中来,对学习充满饱满的情绪,而且体现了教学对儿童人格、自由、需要的尊重。这无疑是教学改革的一大进步。但是仅仅将游戏作为手段使之获得合法化的地位,这仍然是有局限的:其一,游戏被当作教学的工具,忽略了游戏的内在品格,只是知识教学的"糖衣"和装饰。这时游戏已不成为游戏了。其二,游戏纵然使教学能更好地传授知识,发展儿童的身体、情感、社会性等,但仍然未能让儿童获得充分的"享受""体验""表达"。所以,它根本上忽视了人在当下的现实存在,教育也因此而成为一个"空场"。

鉴于此,我们从本体意义上提出了教学即游戏(或游戏教学)。把教学作为游戏,这主要从游戏的内在品格、精神来说的。客观地说,教学不可能完全采取游戏的实体化游戏活动形式(当然也不排除教学也经常采取游戏的外在形式),但教学应该且能够具有游戏的内在品格(这在后文将做论述)。那么,使教学成为游戏,教学会是什么样的呢?在我们看来,目前对游戏下一个确切定义,这既不可能也不必要,因为它尚不是作为普遍存在的客观事实,它更多的是一种预见的新的教学观,是一种新的教学理想。当然,这并不影响我们对游戏教学的特征做些理解和追寻。

(1)教学是自成目的的。席勒说游戏是"自由",约翰·胡伊青加说游戏是"超功利的",伽达默尔说游戏是"无主体的",这一切无不说明游戏是自成目的的。教学作为游戏,教学就暂时"忘却"了任何外在目的,或者说教学是无目的,教学成为它自身,教学活动展开的过程也就是教学目的的实现过程。这样的教学对儿童是有意义的,合乎儿童的需要,是儿童的内在生活。因为真正的生活只是在游戏的意义上成立,除了它自身以外无目的。儿童在这样的教学中,教学就是其当下的生活,不为游戏之外的目的而游戏,儿童只是在游戏。

(2)教学是对话的。对话是一种自由地来回、融合而产生的更新、创新的现象。对话致力于消解种种两极对立,"在二元或两极之间建立一种'边缘地带',让二者平等地对话和作用,产生出某种既与两者有关,又与两者不同的全新的东西"。教学作为游戏,教学本身成了"对话"的延续。

在教学中,主要有两种对话:一是教师、学生与作为"文本"的课程、教材的对话。这里,学生与教材之间不是传统认识中的那种生硬的对象性关系,而是一种"我"与"你"的平等对话关系;这里教材作为文本,它是一种语言,"它像一个'你'一样的自身说话。它不是一个客观对象,而更像对话中的另一个人。"二是教师与学生之间的对话。这里,师生之间也不是传统教育中的那种对象性关系,而是一种精神性交往关系,即"我—你"关系。在这种关系中,教师与学生彼此敞开,获得知识、经验、意义的"共享"。

总之,在这种对话中,教师和学生不断实现多种视界的沟通、汇聚、融合,从而在一定程度上使各自的偏见得以克服,不断形成新的视界,让真理的探求不断增加新的可能性,与此同时实现自己人生经验的增长。

(3) 教学是生成的。如果说教学是对话的、沟通的,那么也可以说教学是开放的生成的。因为"对话性沟通超越了单纯意义的传递,具有重新建构意义、生成意义的功能。"来自他人的信息为自己所吸收,自己的既有知识被他人的视点唤起了,这样的可能产生新的思想。在同他人的对话中,正是出现了同自己完全不同的见解,才会促成新的意义的生成。这就是说,教学作为游戏,教学不再是排斥"断裂""分叉""突变",而是积极地利用它们;教学不再仅仅是传授知识,而是在传授知识的同时,也"转变知识的疆界";教学不再仅仅是知识的创生,而且还是意义的显现。一句话,教学不再是线性的,而是丰富的、回归的、开放的、生成的。

(4) 教学是体验的。在教学游戏的境界,教师与学生都作为游戏者把自己的全体生命投入其中,由此他们获得的是一种真切的体验。体验不同于经验。如果说经验是知识的积累,指向的是客观世界。那么,体验则是价值的叩问,指向的是学生的精神世界。体验把学生置于生活世界和价值世界之中,打开了人与"我"、"我"与世界的阻隔,此时,学生不是超然物外的纯粹"主体",对象也不是外在于"我"的纯然"客体",而是融为一体,"我"在世界中,世界在"我"中,从而体悟到人生的价值和意义。可见,教学作为游戏时,教学是学生整体生命的全部投入,是其生命的全部展开。其不是站在对象的旁边,而是进入对象,与对象融为一体,真正体悟、创造生命的价值和意义。

(二) 小学校园足球游戏

1. 体育游戏的概念

体育游戏是在游戏发展过程中派生出来的分支,它融合体力发展、智力发展和身心娱乐为一体,即为游戏的组成部分,又与体育运动有着密切的关系。因此,体育游戏是以身体练习为基本手段,以增强学生身心健康、发展智力及社会适应性、培养良好的道德品质等为目的而进行的活动。所有的练习者按照特定的内容、情节、形式和规则进行活动,可以促进体力、智力和能力的良好发展。它是对游戏者进行思想教育和愉悦身心、

增强健康、促进身体发育的教育手段。它具有大众性、普及性和娱乐性的基本特征。

现代竞技体育运动与人类早期的游戏行为有着密切的关系，绝大部分竞技体育项目源于民间游戏，经过长期的总结、重新设计、完善发展，逐步形成现代竞技运动。随着人们对体育游戏功能的不断认识，体育游戏被应用于体育教学、运动训练和群众健身娱乐活动，成了体育运动中的一个重要组成部分。

从以娱乐为主的角度来看，体育游戏的定义为在一定规则约束下，通过身体运动的方式进行的一种娱乐活动。但是，体育游戏在学校体育教学中，是属于教育性游戏的一种，它主要是作为体育教育的一种手段，组织者组织与运营体育游戏的目的是为了发展学生的体能，增强学生的体质。它的娱乐功能实际上已经降到第二位。

体育游戏是在体育运动的基础上，综合人体的走、跑、跳、投等基本生活与劳动技能及各项体育基本运动形式，创编出多种形体动作，并根据健身、教育等的需要，有针对性地拟定有教育意义的情节和竞技性较强的比赛规则而创编的游戏。体育游戏是在变化的环境中进行的，它能够发展机智、敏捷、迅速的判断能力并增强记忆能力。因此，体育游戏可与各项体育项目紧密结合，在大众体育中不断发挥其娱乐健身的作用以增进健康；在学校体育中体育游戏是重要的内容，尤其在小学及初中的体育教材中，体育游戏内容比重较大。体育游戏还是高等院校体育教育专业学生的一门必修课程，它包含传播体育游戏的基本知识、创编体育游戏的原则与方法、体育游戏的教学方法，以及各类体育游戏的实践方法等。体育游戏在学校体育教学中能发挥促进青少年身体全面发展、掌握生活中的各项基本活动技能、培养德智体美劳全面发展人才的作用。

2. 足球游戏

足球游戏是体育游戏中的一类运动项目游戏，可用于足球教学中的游戏，是从教学的角度出发提出来的。曾丹、邓世俊、耿建华主编的《中国校园足球指导员培训教程》一书中将足球游戏定义为是"以足球练习为基本手段，以娱乐身心，提高技能为目的的一种现代游戏方法"。[①]

足球教学中的游戏并不是足球教学与游戏的简单结合，而是将游戏活动融入足球教学中，根据足球教学的目的、任务创编的游戏活动，是具有一定游戏性的教学活动。

研究小学生足球游戏在教学中的使用，是指在小学生足球教学中，教师或者教练员根据小学生的心理、生理特点及实际水平，以教学大纲规定的教学任务及要求为出发点，通过创造游戏教学环境，以游戏的方式开展足球教学，让学生在娱乐中实现对足球专项技能多方面的练习。

3. 足球游戏的特点

（1）趣味性。《辞源》中说：游戏乃"玩物适情之事也"。游戏是有趣的玩耍类事情，它能够使人在精神上得到某种欢愉，能满足人们对娱乐的需求，因而，尽管它并不

---

① 周伯蔚. 足球游戏练习法对9~12岁儿童团队协作意识的影响研究 [D]. 北京：北京体育大学，2017.

能直接创造物质财富，但是还是能够吸引各种不同的对象主动参与。足球运动被世界各国人民所喜爱，其很重要的原因就是它本身也是从游戏中发展出来的，具有很强的趣味性和娱乐性。足球游戏内容的活泼性、丰富性、生动性、对抗性及竞争性可以引导、培养、激发学生产生积极的心理倾向，获得心理满足，并对足球游戏产生浓厚的兴趣，从而提高学习的兴奋性。

（2）目的性。足球游戏的目的就是以增强学生体质为主，提高学生的足球运动技能，发展学生的智力并愉悦身心。有的游戏内容同足球比赛的整体活动相近，对学生的创造性、判断方位的准确性和动作的协调性提出很高的要求，可以很好地提高学生的某些专项专业技能；有的游戏具有激烈性和对抗性，要求学生必须精神集中、全力以赴，可以对学生的身体、心智产生很好的综合影响；有的游戏具有虚构和假想成分，能舒缓现实生活中的紧张和压力，在带有一定情节性的活动中，使学生的情绪得到充分的调整与放松。

（3）教化性。游戏在青少年儿童全面发展的教育中具有积极的作用和重要意义。在游戏中，游戏者必须遵守游戏规则，控制、约束自己的行为，这种体验有助于游戏者形成行为的社会定势，内化社会行为规范。体育游戏中的群体活动、角色的扮演、转换与互动，也满足了少年儿童社会归属或者团体归属的欲望，对他们掌握人际交往技能、形成健康的人格、发展社会适应能力等都具有独特的功效。

足球游戏是一项有组织、有纪律的集体活动，不少游戏还有一定的情节和主题，所以，具有一定的教育意义，使德育、智育、体育教育融为一体。在规则的要求下，学生只有充分发扬机智勇敢、团结友爱的精神才能战胜对手，从而培养学生集体主义观念和积极进取的精神。足球游戏本身具有竞赛性和结果的不确定性等特征，可以激发游戏者的进取心和自信心，培养他们的道德感和责任感，促进他们健康个性心理的形成与发展。体育类游戏总能为少年儿童创造一种合作、竞争，同时又互相鼓励、彼此理解的环境，在这种生动活泼、和谐有爱的气氛中，少年儿童的个性与社会性得到高度发展。

（4）易控制性。由于足球游戏主要以分组的形式进行教学，对场地的规格大小要求不高，参加的人数没有固定的标准，可随意调整，故对器材、设施的要求不高，而且还大大提高了学生多接触球的机会，加大了练习的密度和强度。实践证明，在足球基本技术和战术教学课程中，采用足球游戏加以辅助教学，不但能解决教学资源不足的情况，又可以达到教学的目标和效果。

（5）规则性和公平性。凡游戏皆有规则，足球运动游戏也具有规则性和公平性，但这种规则性与公平性介于竞技运动与娱乐活动之间，既无竞技运动规则所具的法规性，又不同于娱乐活动的随意性。体育游戏的规则性实质上是一种约定俗成，游戏者受约定的统一要求约束，受游戏组织者的公正裁决，具有公平性。因此，体育游戏的这一特点不仅创造了游戏井然有序的形式，同时也调节和约束着游戏者的行为及彼此的关系，从而使游戏得以安全、公正、顺利地进行，同时，由于体育游戏的规则不如竞技体育规则严谨，往往为参加者留下思考的余地。如"深夜追捕"这一游戏，规则规定：游戏中"警察"可以在"百姓"提示下追逐"小偷"，两者均须蒙上双眼，这一规定给"警察"

以获取信息，思索追捕策略的余地，同时，也让"小偷"从发声位置判断"警察"所在，迅速选择逃跑路径。如此看出，体育游戏的规则性与公平性也可以给人想象的余地，而不仅仅是限制、固定的。

（6）社会性和制约性。体育游戏作为一种广泛存在的社会文化现象，随着人类社会生产的发展而出现演变，是社会生产、文化思想发展到一定阶段的必然产物，是具有社会意识形态的活动，它的社会性和思想性是由历史赋予的。其一，参与体育的游戏者必须在特定的游戏方法和规则下进行群体活动。其二，社会的现实生活、思想意识、道德观念、目标追求、人际关系、生活习俗等常常会反映到游戏中去。其三，一定地区，一定社会特定风土人情、风俗文化及生活习俗等社会现象也会融入体育游戏中。因此，体育游戏必然具有社会性、思想性。

4．足球游戏运用注意事项

（1）游戏内容健身化。教学内容是实现教育目的，培养合格人才的重要保证。教学内容的变化应以健身为主方向，应遵循四个基本原则：多样性和简洁性统一；实用性与代表性统一；传统性和时代性统一；民族性与世界性统一。

（2）教学方法有机化。素质教育的内涵在于把人的全面发展和适应社会的能力提高放在首位，而且非常重视个性发展和创造力的提高。与此相适应，教学方法应由教师主导作用向教师主导和学生主体有机结合转变，充分调动教和学两方面的积极性。强调看、听、想、练的有机结合，注重感知、思维与练习的结合。

（3）教学组织快乐化。在教学形态上，要变被动的接受型教学为主动的思考型体育教学，并与此相适应，在教学组织上要改变课堂教学气氛严肃有余而活泼不足的现象，使严肃的课堂组织纪律与生动活泼的教学气氛相结合，使健身与娱乐相结合，两者达到和谐的统一。

（4）教师能力复合化。教师的素质是学校体育改革的重要保证。新时代，要求教师具有更新、更高、更全面的素质。即具有宽广的知识面。教师不仅是知识的灌输者，还是学生健身实践指导者；具有多种才能，如运用教学方法手段的能力，创造性工作能力等；具有爱学生、爱事业的高尚职业道德。同时创编游戏项目时应注明：游戏目的、游戏方法、游戏规则、场地安全措施等整体游戏方案。体育游戏可穿插在课的准备部分、课的结束部分，也可直接开设体育游戏课。把竞赛性游戏和活动性游戏结合到课的有关部分，使之更具科学性。

二、小学校园足球游戏的分类

足球游戏是足球教学中结合游戏进行的活动，目前中小学足球游戏活动尚没有统一的分类。

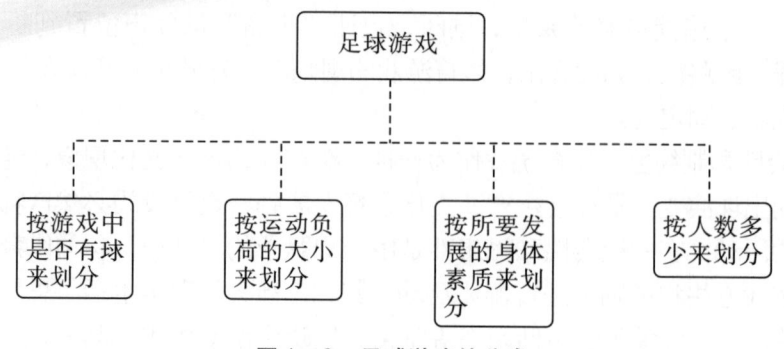

图1-2 足球游戏的分类

（一）按游戏中是否有球来划分

有球游戏：在教学中儿童直接触球的游戏练习。例如，常见的儿童趣味足球运球比赛。

无球游戏：在足球教学中儿童不直接接触足球而进行的游戏。例如，改编"猫捉老鼠"的足球游戏，教师控制球扮老鼠，儿童扮猫，并开展猫捉老鼠的游戏，教师通过控制球不让儿童触到球。

（二）按运动负荷的大小来划分

在儿童足球教学中，运动负荷的控制是一个难点问题，如何选择最佳的运动负荷是提高儿童足球教学质量的关键，也是兴趣培养的难点。虽然儿童的身体发育尚不成熟，但并不是越小的负荷越好，负荷太小会让儿童感觉太简单，失去了参与的兴趣；负荷强度过大则会导致参与的儿童极少，也不利于对儿童足球兴趣的培养。在足球游戏教学中，根据教学需要其负荷情况有以下三种：

负荷强度较大的游戏：教师在足球场地中画出一定的范围，并自定简单的足球比赛游戏规则，要求儿童在规则、场地范围内比赛。

负荷强度较小的游戏：例如，在门前一定的距离范围内让儿童站成一排进行射门比赛，看谁踢的准。

负荷强度适中的游戏：例如，常见的障碍运球游戏（运球冲过封锁线），在场地上每隔2米放置若干障碍物，让儿童运球冲过障碍。

（三）按所要发展的身体素质来划分

足球是一项具有较高锻炼价值的运动项目，同时也要求儿童具备一定的身体素质。在儿童足球项目教学中，教师可根据所要发展的儿童身体素质的不同选择差异化、有针对性的足球游戏。常见的足球游戏有如下三种：

发展协调性素质的足球游戏：在足球教学中协调素质对于儿童而言是至关重要的，教师可根据需要设计发展下肢协调训练为主的足球游戏，如要求儿童将球夹在两膝之间比谁跳得快。

发展灵敏素质的足球游戏：让儿童在场地内按照每2米的间隔独自进行运球练习，要求儿童听到教师的口令后快速变化运球方向，若出现错误则被淘汰出局，其他儿童替补。

发展速度素质的足球游戏：例如，常见的追球跑练习，教师抛球，儿童追球，要求教师的力量尽量保持一致，教师计时，看哪个儿童能在最短时间内将教师抛出的球拿回来。

（四）按人数多少来划分

单人足球游戏：例如，让儿童进行脚背正面颠球练习，比较一定时间内哪个儿童颠球次数多。

双人足球游戏：甲、乙两名儿童前后同向间隔 2 米站立，甲儿童在前，乙儿童在后，教师哨声吹响后，乙儿童将球踢向甲的前方并向前跑动，甲儿童同时启动追球，甲儿童追球后用同样的方式传球，反复进行。

多人足球游戏：一组儿童面对球站成一路纵队，两腿左右分开，与肩同宽，排在队尾儿童运球到排头位置，踢出球后站到排头位置，球回到排尾位置后让排尾的儿童用同样的方法带球，反复进行。

在儿童足球教学中，教师应当根据儿童的情况及教学实际情况选择这些游戏活动内容，只有选择最适当的足球游戏才能有效培养儿童的足球兴趣，并促进儿童的全面发展。在选择游戏内容时，应当考虑如下基本原则：

1. 足球游戏内容对课时目标的贡献率

在制定课程总体目标后，要根据课时安排设置课时目标，并根据课时教学任务及课时目标选择游戏内容，需要选择的游戏活动是为课时目标服务的。首先是课时目标要合理，再考虑选择何种足球游戏有助于课程目标的实现，及游戏的难易程度。若不能满足上述目标，则重新返回选择游戏内容。

2. 儿童的年龄特点和实际水平

小学生具有显著的生理、心理特征，这些特征是由其年龄特点决定的，其实际水平也有显著差异。在儿童足球教学中，并不是所有的游戏都是适合儿童的。例如，在进行点球射门练习时，竞赛规则要求点球距离球门必须在 11 米的位置，但由于儿童实际水平有所不足，在现实教学中就要缩短射门距离进行点球射门练习。

3. 选择适当的游戏内容

儿童足球教学中可采用的游戏活动内容丰富，要求教师必须选择适当的游戏内容。游戏过于简单，则失去了练习价值，游戏太过复杂，不但教师讲解困难，儿童理解起来也困难，大量的时间被浪费在游戏的讲解、示范过程中，导致课程主体时间减少。因此，游戏内容既不能太复杂，也不能太简单，不能脱离实际，应选择一些具有典型性、基础性及实用性的内容。

第二节　小学校园足球游戏教学形成规律

一、小学校园足球游戏教学感知形成规律

皮亚杰认为，游戏的发展随着认知的发展而变化，呈现出相应的连续性和阶段性，并表现出一定的独立性和偶然性。在认知发展的不同阶段，游戏的发展也有不同的水平。游戏的发展与认识论原理的感知运动期、前运算期和具体运算期的智力水平相对应。

（一）感知的地位和作用

感觉是人脑对直接作用于感官客观刺激的个别属性的反映，知觉是人脑对直接作用于感官客观刺激的整体反映，两者统称为感知。知觉的产生必须以各种形式的感觉存在为前提，通常二者是融为一体的，合称为感知觉，个体的一切心理和行为都源于感知活动。① 通过感觉器官来了解客观事物，能获得生动、具体、直接的知识，能增强人们的理解效果，而且，只有在获得有关事物的大量感性知识的基础上，人们才能进行复杂的思维活动。因此，在教学过程中，尤其是针对年龄较小的学生，要尽可能进行直观教学。

从人的认识过程来看，认识可分为感性认识和理性认识两个阶段。感性认识阶段是对事物认识的低级阶段，是通过人的感觉器官和被认识的对象直接接触实现的，它包括三种形式：感觉、知觉和表象。感觉和知觉都是客观事物直接作用于人的感觉器官（如眼睛和手）时所产生的反映，感觉反映的是事物的个别属性；知觉则是对事物各个属性的综合反应，感觉和知觉统称为感知。表象是比感知更高一级的认识形式，是感知的保存和再现，是感性认识和理性认识的中介和桥梁。

1. 感知是认识过程的先导和思维活动的源泉

加涅借用信息加工心理学的信息流程图，提出一个广为应用的信息加工模式。加涅详细分析了人的学习活动从头到尾所发生的加工阶段，以及完成每一个加工阶段所需要的学习条件。从其中可以看出：感知是信息流程的第一站，是学习者从环境中接受刺激并激活感受器将刺激转换成神经信息的起点。最初，这一信息进入感觉记录器，使来自各种感觉器官的信息或多或少地以完整的形式被登记，被登记于感觉记录器的完整画面不会久留，而是使信息在这里转换为刺激模式，然后进入下一站——短时记忆。②

由此可见，感知是人们认识活动的初级阶段，人的认识活动总是从感知开始而后转化为思维的；没有感知就没有记忆和思维，也就不可能认识事物，不可能获得知识；任何思维甚至最活跃的思维都保持着它与感觉、知觉和表象的联系。知识的掌握过程是一种特殊的认识过程，包括对教学材料的感知、理解、巩固、应用等环节。其起点就是对

---

① 陆作生. 体育教学技能训练［M］. 北京：高等教育出版社，2016.
② 加涅. 学习的条件和教学论［M］. 上海：华东师范大学出版社，1999.

教材的感知，即了解教材的基本内容，获得比较丰富、全面、正确的感性知识，之后才有可能理解教材。也只有在充分感知的基础上，才有可能进行分析、比较、抽象、概括等思维活动。

2. 感知是人实现记忆的关键环节

信息加工理论认为，信息在离开短时记忆进入长时记忆时将发生本质性转变，这个过程称为编码。它是一个觉察信息、分析信息的各种特征、提取一种或几种作为分类特征并对比形成相应记忆痕迹的过程。实际上，信息编码从选择性知觉时就已经开始了。信息编码的方式对以后提取该信息的能力有很大的影响，如果我们最初感知不准、特征分类不清或记忆痕迹模糊，则提取信息时就会感到异常困难。可见，感知是人实现记忆的关键环节。

3. 感知觉是有意义学习的基础

知觉的理解性表现为，人在感知事物时，总是根据过去的知识经验来解释、判断并把它归入一定的系统之中，深化对事物的理解。奥苏伯尔认为：课堂教学中知识的学习主要是言语信息的学习，其实质是一种有意义学习，即符号所代表的新观念与学生认知结构中已有的适当观念建立起实质性的和非人为的联系，这种联系是建立在感知觉基础之上的。教学中，教师以各种方式呈现给学生的教学材料信息，只有通过学生的感知觉才能被学生接受，由此引发一系列信息加工活动，形成事物的表象和概念。

（二）小学校园足球游戏教学形成的感知阶段

1. 适应阶段

适应阶段是足球游戏教学形成的开始阶段，小学生在这个阶段会对足球游戏产生笼统的、不确定的综合印象。在教师的讲解下或者通过游戏教学的形式、途径，学生会将游戏整合成一个整体，形成初步的足球游戏教学的简单映像。

2. 加工阶段

从适应的基础上对所接触的事物进行理解再加工，这是知觉形成阶段，在个人对知觉对象理解的前提下，迅速对获取的信息进行理解加工的阶段。在这一阶段，教师通过言语的指导和提示唤起学生对游戏的感知和经验，学生根据以往的经验和游戏类知识，进一步对足球游戏的各个部分进行精确的分析，如教师对足球游戏规则的讲解可以加深学生对足球知识的了解、游戏规则的掌握，进一步加深规则意识，并进一步了解足球游戏的规则、内容和方法，促使学生对足球游戏的感知更精确。

3. 内化阶段

通过适应和加工阶段，学生对足球游戏的整体有初步感知，但是这一阶段是不稳定的。在内化阶段，学习者将变化的客观刺激物与经验中保持的表象结合起来，巩固内化对足球游戏的感知，在头脑中建立对足球游戏的恒常观念。

（三）小学校园足球游戏教学的感知教学形式

通过感觉器官来了解客观事物，能获得生动、具体、直接的知识，能增强人们的理解效果，而且，只有在获得有关事物的大量感性知识的基础上，人们才能进行复杂的思维活动。因此，在教学过程中，尤其是针对年龄较小的学生，要尽可能进行直观教学。

可以通过多种形式进行直观教学。教师可以提供实物或实物标本，可以演示实验、组织教学参观，让学生亲身感受事物的真面目。教师还可以提供模拟实物形象的感性材料，如图片、图表、幻灯片等，有目的地提供典型的感性材料。教师讲课离不开语言，可以利用语言的描述唤起对事物的表象。语言虽然有不受时间、空间限制的优点，但它不如实物、图片等鲜明，而且，如果教学中只有语言这一种形式，未免太单调，很难使学生在一节课的过程中始终保持良好的注意力。如果根据具体教学内容和学生的年龄特点，将语言与呈现实物或模型有机地结合起来，那么学生的感知会更精确、全面。进行直观教学时可以借助多种教学仪器，如幻灯机、投影仪、录音机、录像机、VCD 机、DVD 机、计算机等。运用教学仪器的目的，就是给学生提供丰富的视听信息，使学生从多种途径获得感性知识，从而促进学生的理解和掌握。

要想直观教学取得良好的效果，应遵循感知规律。一是运用被感知的强度律。作用于感觉器官的刺激物必须达到一定的强度，才能被学生清晰地感知。因此，教师在讲课时，声音要洪亮，语速要适中，板书要清晰，要让学生听得懂、看得见。教师在制作、使用直观教具时，也要考虑到直观教具的大小、颜色、声音等是否能被学生清楚地感知。二是运用对象与背景差别的感知觉规律。当知觉的对象与背景在颜色、形态、声音等方面有较大差别时，知觉的对象容易被感知。如讲课时，对于重要的知识，教师可以反复几次，可以提高音量，板书时，重要的部分可以用大一些的字，或者在字下面加点、画线，可以用彩色粉笔。不要在黑板前演示深色教具。使用挂图时，可以将其中不需要学生看的部分遮挡。制作教具时，要注意把知觉对象从背景上突出等。三是运用静止背景上的活动性对象易被感知的规律，在静止的背景上，活动的对象容易被感知，也容易吸引人的注意力。因此，教学中使用活动性教具，演示实验，放幻灯片、教学电影或录像等，可以起到很好的教学效果。四是运用知觉的组合规律。在时间上彼此接近、在空间上彼此接近或相似的刺激物容易被知觉为一个整体。因此，教师在绘制挂图时，不要在需要学生感知的对象周围画上与之类似的线条或图形，在不同的对象之间留空或用色彩区分；板书时，章与章、节与节等不同内容之间要留空；讲课时，语言流畅，针对不同内容，采用不同的语速，对不同的内容加以分析、综合，使学生了解其中的逻辑关系。五是让学生交替使用多种感官感知对象，如果学生能使用多种感官去感知同一个知觉对象，那么，从不同感官获得的信息将传递到大脑，从而获得对事物的全面的认识。我国古代的许多学者曾提出学习要做到"五到"，即眼到、耳到、口到、手到和心到，其目的就是通过多种感知渠道来巩固知识。有研究表明，在接受知识方面，看到的比听到的给人留下的印象深。只靠听觉，一般能记住 15%；只靠视觉，一般能记住 25%；既看又听，能记住 65%。

二、小学校园足球游戏教学心智技能的形成规律

心智技能是人们进行复杂活动的基本前提，只有形成心智技能，才能保证其他活动

的顺利进行，它又称智慧技能或智力技能。心智技能是技能的一种，它与操作技能统称为技能。心智技能是一种借助于内部语言在人脑中进行的认知活动方式，如默读、心算、写作、观察和分析等能力。人们的学习不仅是领会知识，还必须掌握一定的心智技能。心智技能形成的前提条件是领会与某种心智技能有关的知识，而心智技能的形成又是人们顺利地进行学习、掌握知识的一个不可缺少的条件。例如，要领会书本知识，就需要有阅读的技能。可见心智技能既是学习的目的，又是完成学习任务的手段，二者相互促进，互为条件。心智技能作为智力的重要组成部分，它的发展对于个体智力以及能力的发展有重大的推动作用。

（一）心智技能

要研究如何培养学生的心智技能先要了解什么是心智技能，心智技能的基本内容包括它的含义，它有什么特点及它的作用是什么。心智技能是在先天遗传因素的基础上，在后天的社会生活和个体实践中形成和发展起来的，它需要通过自身亲身实践才能形成，不容易被察觉，是个体认识客观事物、获得经验、解决问题的前提条件。

1. 心智技能含义

对于心智技能的含义，学术界有不同的界定和观点。朱智贤在《心理学大词典》中把心智技能定义为："按一定的程序组织起来，并能顺利完成某种认识活动任务的复杂的智力动作系统，如阅读、心算、解题、作文等技能。"① 潘菽认为心智技能是指"顺利完成某些任务的心智活动方式，而智能则是在掌握各种心智技能的过程中形成和发展起来的更为概括的一种能力"。② 冯忠良在《结构一定向教学的理论与实践》中提到"心智技能也就是智力技能，是一种调节、控制心智活动的经验，是通过学习而获得的合乎法则的心智活动方式"。③

虽然大家对于心智技能的定义有所不同，但通过这些定义我们可以归纳出个体进行心智活动必须有心智技能的参与，如果缺少了心智技能的参与，个体的心智活动就无法完成。心智技能是可以通过后天的生活学习和训练而获得的，它是一种动作经验系统，心智技能必须通过心智活动才能被调动、体现、发展和完善。心智技能的动作经验触及到了心智技能的实质问题。它与操作技能既有联系又有区别，操作技能是指表现在外部的，以完善合理的方式组织起来，并能顺利完成某种活动任务的复杂的肢体动作系统。而心智技能则是借助言语在头脑内部以一定的程序组织起来，在后天的生活和学习实践中，个体在不断进行的心智活动中积累了心智活动的动作经验，知道如何思考问题才能得出正确的结论，从而形成了其基本的心智技能。

心智技能是一个复杂的智力动作系统。心智技能作为个体心智活动的动作方式，并

---

① 朱智贤. 心理学大词典［M］. 北京：北京师范大学出版社，1989.
② 潘菽. 教育心理学［M］. 北京：人民教育出版社，1980：139.
③ 冯忠良. 结构—定向教学的理论与实践·改革教学体制的探索（下）［M］. 北京：北京师范大学出版社，1992.

不是个别的、孤立的，而是由多种心智技能所组成的一个多层次、多方面的复杂系统。[1] 不同心智活动的动作经验既彼此独立、在不同的心智活动中被启用，又相互联系，不同的动作经验可以相互迁移，使某一心智活动的动作经验对另一心智活动发生影响，促成另一心智活动的顺利完成。由此我们可以概括出心智技能的含义是：心智技能又称认知技能或智慧技能，是指人们在心智活动中通过学习而发展起来的合法则的心智活动的动作方式系统。

2. 心智技能特点

心智技能有自己独特的地方，区别于知识、能力以及操作技能，要了解其特点，才能更好地认识心智技能。总的来说，心智技能具有实践性、内隐性和构成性。这是它的主要特征。

（1）实践性。心智技能作为一种活动方式和一种动作经验，就它的获得和表现而言，具有实践性的特点。在这一点上它与知识的获得有所不同。知识是对事物属性与联系的认识，是客观事物属性与联系在人脑中的反应。它既可以通过直接的方式即亲身实践的方式获得，也可以通过间接的方式即通过语言或文字将前人或他人的经验转化为自身的经验。而心智技能作为一种合法则的心智活动的动作方式系统，是主体的动作经验系统，这一系统的建立只能通过自身的亲身实践才能完成。个体在不进行心智活动实践的情况下，仅靠语言和文字是无法形成心智技能的。[2]

（2）内隐性。心智技能作为一种智力活动方式是在人脑的智力活动中完成的，其活动的对象是某种保留在头脑中的观念，活动的结构是可以高度减缩的，外界无法直接进行观察。[3] 操作技能是通过外显的行动和动作表现出来的，外界可以直接进行观察。当然操作技能的形成和发展也离不开人脑的活动，与心智技能有着密切的关系，但二者在参与活动的主导成分上有很大区别，不能相互混淆。

（3）构成性。心智技能的构成性是指心智技能本身是由多种心理要素构成的，心智技能又同其他心理因素一起构成更概括、更复杂的心理现象。[4] 对客观事物进行抽象和概括这种心理活动过程中就包含着构成心智技能的各种心理要素，首先了解要进行抽象和概括的事物的各种具体表现，其次在各种具体表现中寻找它们的共同点，最后将寻找出来的共同点加以综合，用精练的语言表述出来。如物质这一概念，物质概念形成的心智动作表现为：了解世界上的万事万物、山川河流、花鸟鱼虫、日月星辰等各种现象，在此基础上寻找它们的共同点，在寻找过程中逐渐发现，世间万事万物的共同点是它们都是客观存在的，不依赖人的意识为转移并能被人的意识所反映，最后概括总结出物质的认识为不依赖人的意识并能为人的意识所反映的客观实在，完成对物质的抽象和概括过程。

---

[1] 姚梅琳. 学习规律［M］. 武汉：湖北教育出版社，2011.
[2][3] 贺文. 了解学习：学业心智模型的建构和测评［M］. 北京：北京大学出版社，2011.
[4] 姚梅琳. 学习规律［M］. 武汉：湖北教育出版社，2011.

（二）小学校园足球教学心智技能形成过程及培养方法

冯忠良在加里培林理论的基础上提出了心智技能形成的三阶段理论。一是原型定向；二是原型操作；三是原型内化阶段。这也是现在在学界比较认可的一种划分方式。

1. 原型定向阶段

原型定向"就是使学习者了解心智活动的'原样'，了解原型的动作结构，即动作构成要素及动作次序，从而使学习者知道该做哪些动作和怎样完成这些动作，明确活动的方向"①。

（1）原型定向的内涵。作为心智技能形成的第一阶段的原型定向实际上就是使学习者去观摩心智活动的程序，以便使自己的心智活动也能形成或符合这一程序。因为心智技能的完成过程是在头脑中进行的，又由于心智技能这种合法则的心智活动方式是外部的物质活动的反映。因此我们可以通过观察外化、物质化了的心智活动方式或操作活动程序使学习者感知心智动作和它们的顺序，为自己的心智动作指明方向。

原型定向阶段在心智技能形成过程中的作用是巨大的，它是心智技能形成的不可缺少的阶段之一。任何人的心智技能都不是天生的，而是在后天的实践活动中通过生活学习而获得的。而对于一种深藏在人们头脑中的心智活动方式的学习，就只有通过原型定向，将心智活动方式外化成为一种实践模式，能够让学习者感知得到、观察得到才能完成。从心智技能学习的过程来看，我们先要在头脑中建立起心智活动方式的整体映像，确立正确的实践模型，原型定向对于学习者头脑中定向反映的建立也是必不可少的。

（2）原型定向阶段心智技能的培养方法。个体在头脑中形成了有关心智活动的整体映象，初步建立心智技能的实践模型，此阶段心智技能的培养方法有以下四个方面内容。

第一，心智技能训练之前做好动员工作。在心智技能训练之前要做好思想动员准备，使学生认识到掌握心智技能的重要性和可能性，破除一些学生认为自己学习不错、不需要进行训练，或认为自己成绩不好、聪明是天生的等错误思想，应使学生积极地、充满热情地投入到心智技能的训练中来。这一点会直接影响到心智技能的训练效果。因为心智训练是极其复杂的活动，没有被训练者的积极参与，是无法达到良好训练效果的。

第二，动作结构外化产生完整映象。教师要把一种心智技能外化为一种动作结构，这一动作结构由动作和动作顺序构成，然后让学生了解构成这一技能的动作和动作顺序，使学生对于某一心智技能产生完整映象。比如，对于从一类现象中抽象概括出这类事物的共同特征和本质特性的心智加工过程，教师就可以先将其外化为一种动作结构，其中包括：广泛搜集和回忆此类事物的具体现象，找出它们的共同点；推敲抽象出来的共同点，并将其整理成一个简洁明了的句子；把概括出来的此类事物的共同特性和本质特性拿到同类事物和异类事物中去鉴别，它应当是同类事物所共有的，是此类事物区别于其他事物的特性。根据这一动作结构，学生就可以对任何一类事物进行思考，从而形成对

---

① 冯忠良．结构—定向教学的理论与实践·改革教学体制的探索（下）［M］．北京：北京师范大学出版社，1992．

此类事物的科学概括。

第三，提出具体要求避免出现的错误。教师在展示动作结构时，要对每一动作提出具体明确的要求，使学生了解每一动作的正确执行范围，使学生的动作模仿不出现错误。比如，在广泛搜集和回忆此类事物的具体形象时，例子的广泛性和全面性就是要求之一。这一要求对于抽象和概括过程是十分重要的，因为如果同类事物的具体实例收集的不够全面，就有可能在对这类事物共同特征的概括上出现遗漏，从而使整个概括在科学性上出现问题。

第四，描述动作要领检查习得效果。教师可以通过让学生描述动作要领的方式检查学生原型定向的习得情况。学生在原型定向阶段的学习效果是需要检查的，因为在这一阶段的学生的学习也可能由于某种感知或理解上的问题出现错误或遗漏。而在原型定向阶段中出现的问题将影响到整个心智技能的形成，因此要特别给予关注。在具体教学中，检验学生原型定向结果的方法是多种多样的，既可以让学生主动地复述心智技能的动作和动作顺序，也可以由教师表述，然后由学生加以认定。

2. 原型操作阶段

所谓原型操作就是"依据心智技能的实践模式，把主体在头脑中应建立起来的活动程序计划，以外显的操作方式付诸执行"。[1]

（1）原型操作的含义。在原型定向阶段，学生对于某一心智活动方式已经进行了观摩，对于这一心智活动的动作和动作结构有所了解，要想把这一外在的动作和动作结构变为学生本身的心智技能，还必须使学生亲身实践这一动作系统。"亲身实践的第一步就是依照在原型定向阶段观察到的心智活动动作系统，在头脑中建立起活动的程序计划，并以外显的行为执行一遍动作系统，个体在该阶段的活动是展开的、外显的，并经常借助于外部言语的引导和外部辅助手段，个体尚不能摆脱实践模式，而是依赖实践模式进行活动。"[2]

原型操作在心智技能的形成中具有十分重要的地位。因为技能作为一种动作方式，学习和掌握它的必由之路是主体的实践，离开实践的任何一种方式的学习都不能证实主体形成或掌握了某种技能，而原型操作阶段正是这种实践的开始。在原型操作阶段，学生在亲身实践的过程中，自身的动作会反馈到头脑之中，使其对在原型定向阶段建立起来的动作系统的认识更加丰富、鲜明和具体，这种经过实践建立起来的映象系统也更加真切、牢固和稳定。

（2）原型操作阶段心智技能的培养方法。个体在该阶段的活动是展开的、外显的，并经常借助外部言语的引导和外部辅助手段，个体尚不能摆脱实践模式，而是依赖实践模式进行活动。[3] 此阶段心智技能的培养方法有以下三个方面内容。

---

[1] 冯忠良. 结构—定向教学的理论与实践·改革教学体制的探索（下）[M]. 北京：北京师范大学出版社，1992.

[2][3] 汪凤炎，燕良轼. 教育心理学新编[M]. 广州：暨南大学出版社，2006.

第一，动作以展开的方式进行复述。所谓展开的方式就是按照动作的结构依次完成动作，不能遗漏或缺失。动作进行的每一步骤都使学生能够清晰地观察和了解动作本身和动作对客观外界发生的影响，为建立完备的动作映象系统做好准备。① 还以原型定向阶段的概括思想技能为例，以展开的方式进行技能训练就是要广泛搜集和联想此类事物的具体现象，找出它们之间的共同点，推敲和思考它们的共同点，并把它们概括成一个简单明了的句子，把概括出来的此类事物的特征放到同类和异类事物中去思考等，这样的加工观察依次地进行，在进行的每一步的基础上，学生对动作和加工后对象的变化有清晰的了解。

第二，要给学生提供反复训练的机会。在反复训练中要不断变更活动或思维加工的对象，使活动方式在不同内容的加工过程中得到反复，从而形成较巩固的动作映象。比如，在概括思考技能的训练中，教师可以提出不同类型的客观事物，让学生对每类事物的共同特性和本质特性按照同一加工方式进行思考，在思考中实践、体会、巩固这一心智加工方式，并为使学生形成某种动力定型打下基础。

第三，注意个体言语的参与。在原型操作的过程中要注意个体言语的参与，为向原型内化阶段的转化做好准备。原型操作阶段并不是心智技能形成的终结，而是一个中间环节。② 一边实际操作，一边注意运用语言描述动作、组织动作。心智技能是需要言语的帮助才能顺利地进行，内部言语必须以外部言语为基础。也就是说，在原型操作中要引导学生一边做一边说，开始是出声的外部言语，到第三阶段则可以转化为不出声的内部言语。

3. 原型内化阶段

所谓原型内化就是"心智活动的实践模式向头脑内部转化，就是动作离开原型中的物质客体及外显形式而转向头脑内部，借助语言来作用于观念性对象，从而对事物的主观表征进行加工、改造，并使其发生变化"。③

（1）原型内化的含义。原型内化中的原型依然是指心智活动的实践模式，即被物化了的心智活动方式。而内化是指这种被人为外化的心智活动方式在学习者身上从实践方式转化为心智活动方式的过程。在原型内化的基础上，才可能发展出具有定型化、简缩化和自动化的心理活动状态，发展成为心智技能。

在原型内化阶段，要了解心智活动的实践模式是如何向观念模式转化的。加里培林学派认为这种转化是经过"出声的外部言语动作阶段""不出声的外部言语阶段"和"内部言语动作阶段"这三个阶段完成的。④

---

① 焦尔当. 变构模型：学习研究的新路径［M］. 裴新宁, 杭零, 译. 北京：教育科学出版社，2010：95.
② 蓝维. 德育学科教学心理研究［M］. 北京：首都师范大学出版社，1998.
③ 冯忠良. 结构—定向教学的理论与实践·改革教学体制的探索（下）［M］. 北京：北京师范大学出版社，1992.
④ 皮连生. 学与教的心理学（第五版）［M］. 上海：华东师范大学出版社，2009.

冯忠良则认为这种划分有一定的根据，但也存在一些问题。"出声的外部言语动作阶段"这一名称，不能概括全部的情况，有时并不一定是出声的言语进行的效果会好，书面言语的效果更佳。出声的外部言语向不出声的外部言语转化的阶段不明显，内部言语动作作为一个独立阶段，没有实际的意义。基于上述分析，我们认为把这些阶段合成一个阶段，命名为原型内化阶段。

（2）原型内化阶段心智技能的培养方法。在原型内化阶段，完成由外部的心智技能实践模型内化为头脑内部的思维模式，形成固定的心智动作系统。此阶段心智技能的培养方法有以下三个方面内容。

第一，动作的执行应从外部言语开始转向内部言语。"完成转化一定要从出声的外部言语开始，进而转入不出声的外部言语和内部言语。因为在出声的外部言语阶段可以检验学生思维的过程是否合理，是否有所遗漏，以保证内化的观念或模式的正确性。"① 教师可以用准确精练的语言概括活动内容及动作要领，引导学生边说边做，大胆练习，最后达到不出声的内部言语指导活动，自动化地开展活动。

第二，在转化过程中注重言语的简缩性。在转化的过程中，教师应注意使用减缩的形式，去掉一些不必要的动作成分和相关动作。这是因为第三种水平与第一种水平相比其简缩性是一个突出的特点，而完成这种减缩是一个复杂的心理活动过程。

第三，通过实践和训练促进原型内化。教师还应多提供原型内化的机会，使学生得以实践和训练。因为原型内化是心智活动方式形成的必要阶段，形成某种心智技能才是原型内化的目的，而原型内化的实践和训练是形成某种心智活动方式的必要条件之一。这就要求教师依据教学内容总结出与某一心智技能形成相关的知识，用这些知识的学习过程，反复训练学生的某一心智技能，促使其形成相关的心智技能。

三、小学校园足球游戏操作的形成规律

（一）操作技能

从教育心理学的角度讲，操作技能是一种可以习得的能力，操作技能的学习属于动作的学习，与知识理论的学习有许多不同，表现为：一是操作技能的学习是比知识理论的学习高一层次的行为，是行与知的统一，是一种个性化的实践操作活动，只有在实践中反复操作、训练和练习，才能够真正掌握操作技能。要获得操作技能，就需要在掌握一定理论知识的先决条件下再将其付诸实践。二是知识学习的基础是对概念的理解，最终达到对概念的把握和内化，而操作技能的学习的基础则是对一系列的操作程序的掌握，要先对一系列复杂操作程度进行理解和记忆，再转化为自身主题的操作活动，并且最终要在大量的训练中达到操作的熟练与程序的"自动化"。

---

① 姚梅琳. 学习规律［M］. 武汉：湖北教育出版社，2011.

（二）小学校园足球游戏教学的操作阶段

1. 操作定向阶段

指主体对活动结构的了解，其中包括对动作成分、动作顺序以及动作执行方式的认识，知道做什么与怎么做，使主体在头脑中建立起有关活动方式的认知结构，从而确立活动的初步调节机制。苏联心理学家的研究表明，活动的定向基础不同，对活动方式形成的速度、质量及迁移有重要影响。在教学过程中，活动的定向基础往往是通过教师对活动方式的示范与讲解和学生的观察及思考来完成的。为提高活动的定向基础水平，在活动方式的传递过程中，教师必须注意提高学生活动定向基础的概括性、完整性和独立性。

2. 动作模仿阶段

指主体在对动作及其执行方式的了解基础上，检索并重组有关的动作经验，通过肌体运动尝试执行符合要领的动作。这是把有关动作的认知表征转化为实际动作表征（动觉信息）。这要求有关动作的经验在主体的反应发生机构中重新编码，使有关信息调节肌体效应器的活动做出相应的肌体运动。肌体效应器的活动状态通过反回传入，使主体获得动觉信息，从而充实活动的定向基础，确立活动的直接控制机制。动作的模仿是通过主体调节其肌体运动来实现的。一个动作的执行方式包括肌体不同部分的特殊的运动轨道、延续时间、强度、速度和频率。动作完成的水平依赖于上述各方面执行的准确性。在教学过程中，动作的模仿是通过教师的指导和学生的独立练习实现的。在动作的模仿训练过程中，要使主体的各个运动成分符合动作要领，注意提高主体对其动觉的自我意识水平。在掌握复杂活动方式时，动作的模仿宜采用分解练习，以便提高各个运动成分的准确性。

3. 动作整合阶段

指活动中各个动作成分之间的连接或组合。活动通常由相连的一系列动作构成。为此，对于任何活动方式的掌握，不仅要学会各个动作及其合理的执行方式，而且要学会动作之间的合理联结即整合。动作整合主要要求主体确立动作系列的执行顺序，从而形成动力定型，使整个活动方式一体化。在教学过程中，动作的整合是通过主体对活动的整体练习实现的。训练中要避免出现多余动作，注意动作间的合理联结，并使这种联结定型化，形成合乎法则的顺序定型。

4. 活动熟练阶段

指操作技能掌握的高级阶段。这时统一活动中的各个动作成分不仅协调一致，能自动进行，而且对变化的条件具有高度适应性。活动的熟练是在反复练习的基础上通过活动方式的概括化和系统化实现的，熟练的机制在于人脑中形成暂时神经联系的动力定型。为了使操作技能达到熟练水平，在练习中要不断变更条件，改进执行方式，提高活动的速度和准确性。还要合理分配练习时间，改进练习的组织形式，以提高练习效能。

第二篇 技术篇

复杂多变的技术动作是足球运动的主要内容。在比赛中不仅需要运用支配球、争抢球的技术动作，而且还要为能够进行支配球和争抢球而采用的行动的动作。本章节将根据学生的年龄段，按水平一（一、二年级）、水平二（三、四年级）、水平三（五、六年级）安排学习内容。

第一章 水平一（一、二年级）

第一节 球性、球感练习

球性、球感能力是指在足球练习中，人体能够比较正确地感觉到球的高度、速度、弹性及控制球。通过长期的球性练习，可以提高练习者的球感及球性。

一、球性、技术方法

1. 胯下左、右脚来回传球（又称"来回敲球"）

上体直立，两脚左右开立，大于肩宽，足球放在两脚之间，靠在右脚内侧处。动作开始后，两脚交替在胯下进行传球练习（见图2-1）。

初次练习时眼睛可以看着脚下练习，动作熟练后眼睛目视前方，要脚下的传球动作要逐渐加快，同时两脚动作和身体重心要配合协调。

图2-1 左、右脚来回敲球

2. 左、右脚交替踩球（又称"踩点球"）

身体直立，两脚前后开立，分别拿前脚掌踩球的上部，做一个交换跳的动作，不踩球的脚支撑身体，做连续交换跳的练习（见图2-2）。

踩球脚不要用力，轻踩。动作熟练后眼睛要目视前方，频率要加快，保持动作标准。

技术拓展：左、右脚前脚掌不断地交替踩推球的中后部，让球向前移动，同时注意身体重心跟上。

图2-2 左、右脚交替踩球

3. 左、右脚交替向后拉球（又称"拉车"）

上体直立，两脚开立，左脚支撑身体，右脚踩在球的上部。动作开始后，右脚踩球的上部向后拉球，使球向后滚动，拉完球后落地支撑身体，这时左脚再做同样的动作，拉完球后落地支撑身体，两脚交替完成（见图2-3）。

每次踩球力度不要过大，拉球距离不宜太长。身体重心要控制好。

图2-3 左、右脚交替向后拉球

4. 脚底侧拉球

侧身面对前进方向，左脚支撑身体，右脚踩球的上部，动作开始后，右脚用脚底滑动拉球向左侧滚动，当右脚滑球落地后，左脚马上向左侧跨一步用前脚掌踩着球上部，两脚交替练习。动作熟练后，可以单脚向前连续侧拉球，不停球练习（见图2-4）。

脚底滑球向前滚动方向要直，两脚的动作配合要协调。

图2-4 脚底侧拉球

5. 手抛球接球练习

身体直立，双手持球于胸前，将球向身体前上方抛弃（超过头顶1米左右），当球下落时，判断好球的落点、速度、力量，迅速抬起右脚再控制接球（脚离地面50厘米左右），当球与脚要接触时迅速压腿缓冲下落的球，使球停在右脚上，两脚交替完成（见图2-5）。

接球时注意做好缓冲动作，多加练习，使左右脚都能熟练地接球。

图 2-5 手抛球接球

二、组织与教法

（1）教师讲解示范，组织练习。
（2）一人一球，进行原地练习。
（3）一人一球，移动中完成 5 米练习。
（4）学生分组进行 10~15 米接力练习。

三、练习案例

1. 听指令做动作

（1）练习目的：增强球感，提高反应能力。

（2）练习方法：学生跟着教师运球，学生运球时聆听和观察教师指令，听到头触球、脚底踩球、膝盖顶球等指令后马上做动作，在发出指令后 2 秒内完成，出现超时、做错动作、球滚动等情况，要罚做 3 个深蹲起（见图 2-6）。

为了熟悉球性，可以固定某个特定的动作后发出指令做动作，比如，用前脚掌交替踩球、脚内侧来回敲球、脚底拉球、颠球等。

图 2-6 听指令做动作

2. 拾金子

（1）练习目的：增强球感，提高协调性。

（2）练习方法：用两个标志桶在距离底线 10 米处放置 1 个 2 米宽的球门，5~6 人为一组，分几组就放置几个球门，球门外摆放若干个标志碟（不少于 40 个）。各纵队排列在底线，一人利用来回敲球动作往前移动，到球门时将球停住，跑去"捡金子"（标志碟），拿到一个金子后马上运球回到队伍，接球者继续重复上一动作，直到捡完所有"金子"，金子数量多为胜。要求每次只能捡一个金子，每过一轮，可以换"推车""拉车""侧拉球"等动作（见图 2-7）。

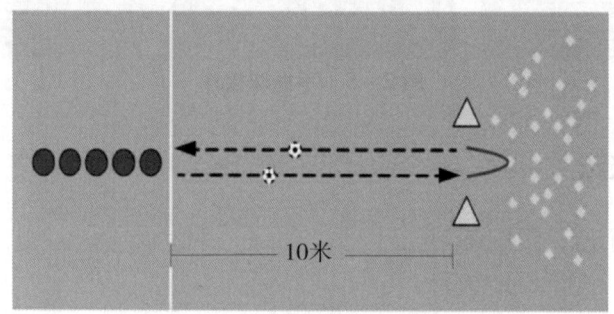

图 2-7 拾金子

3. 拉网捉鱼

（1）练习目的：发展学生协调性和灵敏性，提高控球能力。

（2）练习方法：在规定区域内（15×15 米），一人扮演"渔夫"，其他队员（10~15 个）在场地内运球躲开"渔夫"的追逐，被"渔夫"把球踢出界外者，要和"渔夫"一起手拉手结网继续"捉鱼"，在 2 分钟内还能将球控制在自己脚下者为胜。每轮结束后进行轮换"渔夫"，为了增加难度，可以选出两个"渔夫"比较哪组拉的网长（见图 2-8）。

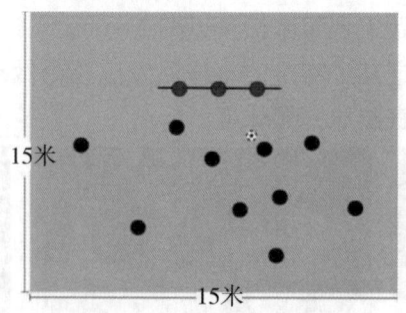

图 2-8 拉网捉鱼

第二节 脚背正面颠球

颠球是球员通过身体各种合理部位的连续触及，建立起对球的敏感性，进而熟悉掌握球的性能及规律。当有了球感后，就为进一步掌握高难度动作奠定基础。

一、脚背正面颠球技术方法

用脚的第一、第二、第三楔骨与跖骨末端部位颠球的一种方法。颠球时，支撑脚的膝关节微屈、身体重心落在支撑脚上；颠球脚的脚尖微翘起、小腿轻轻甩动，轮流用双脚背部位触球的下中部，将球向上击起（见图2-9）。

图2-9　脚背正面颠球

二、易犯错误与纠正方法

1．易犯错误

（1）脚击球时，踝关节松弛，易造成用力不稳。

（2）击球时，脚尖向下或向上勾，易造成球受力后触碰身体或离身体太远，使球难以控制。

（3）颠球时，身体其他部位不够放松，动作僵硬。

2．纠正方法

（1）脚踝关节要紧张，保证用均等力量击球。

（2）脚底保持与地面15°~20°夹角，使球与身体保持正常距离。

（3）颠球时，应保持身体放松。

三、组织与教法

（1）一人一球颠球，体会触球的时间、触球的部位、触球的力量和整个动作的协调配合。

（2）两人一球，比一比，看谁颠得多。

（3）两人一球，一人抛球，一人颠球回传。

（4）两人一球，相互颠传球。

四、练习案例

比一比，看谁颠球多

（1）练习目的：提高踢球技术，发展学生灵敏性。

（2）练习方法：将学生分成人数相等的两组，每人一球，一组练习，另一组数。当教师发令后，学生同时进行脚或大腿的颠球，在30秒内，本组学生累计颠球成功总数，多者为胜。（注：用手或头者无效）

五、达标要求

（1）能熟练地掌握脚背正面颠球的动作方法。

（2）能连续用脚背正面颠球5次以上。

（3）能1分钟颠球累计达到15次以上。

（4）评价表（见表2-1、表2-2）。

表2-1　计1分钟之内连续颠球成绩最好的一次（水平一）

年级	达标	良好	优秀	备注
一年级	3次	4~8次	9次以上	
二年级	4次	5~9次	10次以上	

表2-2　计1分钟之内累计颠球次数（水平一）

年级	达标	良好	优秀	备注
一年级	15~20次	21~30次	31次以上	
二年级	17~22次	23~32次	33次以上	

第三节　脚内侧踢球

脚内侧踢球是指用脚内侧接触球的一种技术动作。脚内侧踢球常用于踢定位球，直接踢来自各个方向的地滚球、反弹球、空中球。

一、脚内侧踢球技术方法

直线助跑，支持脚踏在球侧方约15厘米，膝关节略屈，在支持脚着地的同时踢球。腿以髋关节为轴，由后向前摆，在前摆过程中屈膝外展，踢球脚的脚内侧正对出球方向。小腿急速前摆，脚尖略翘起，脚底与地面平行，用脚内侧击球后中部，踢球脚随球落地（见图2-10）。

图 2-10　脚内侧踢球

二、易犯错误与纠正方法

1. 易犯错误

（1）支撑脚选位不当，会影响击球效果。

（2）踢球脚未成直线摆动，膝、踝关节外展不够，脚尖未翘起，易造成击球无力。

（3）击球时，踝关节未固定，易造成出球方向不稳。

2. 纠正方法

（1）根据来球的情况，选好支撑脚的位置。

（2）膝、踝关节充分外展，使脚内侧部位能正确击在球的后中部。

（3）踢球脚直线摆动，踝关节应紧张。

三、组织与教法

（1）练习触球的感觉。寻找一个支撑物或者是让别人将球踩稳，然后踢球者用脚内侧轻轻地踢球。

（2）无球模仿练习。在无球的情况下，按照正确的姿势在慢跑中做正确的踢球姿势，保持动作的稳定和连贯。

（3）控制快速踢球。将球装入小提兜中，用手拎住提兜，将球放置几乎接近地面的水平距离，用脚连续地快速踢球，练习摆腿的熟练性和触球部位的准确性。

（4）两人一球，相距 5 米进行互踢球练习。

（5）跑动中传球练习。两名球员相距 10 米向前慢跑，直接或接球后将球传给同伴。

四、练习案例

踢"保龄球"

（1）练习目的：培养兴趣，提高脚内侧踢球的准确性。

（2）练习方法：分组采用脚踢"保龄球"的形式，比一比看谁踢中目标多。学生成一路纵队，距离队伍前5米处放置9支装着沙的小矿泉水瓶"保龄球"成倒三角形。比赛开始后，第一名学生原地脚内侧踢向"保龄球"，动作完成后扶好摆正"保龄球"后，跑到队伍后面站队，依次进行练习。最后，以小组累计击倒的水瓶多为胜（见图2-11）。

比赛结束后教师对学生脚踢球时所采用的方法进行比较，总结出脚内侧踢球的优点：球的飞行方向容易控制，命中目标的准确率高。引导学生学习脚内侧传球技术。

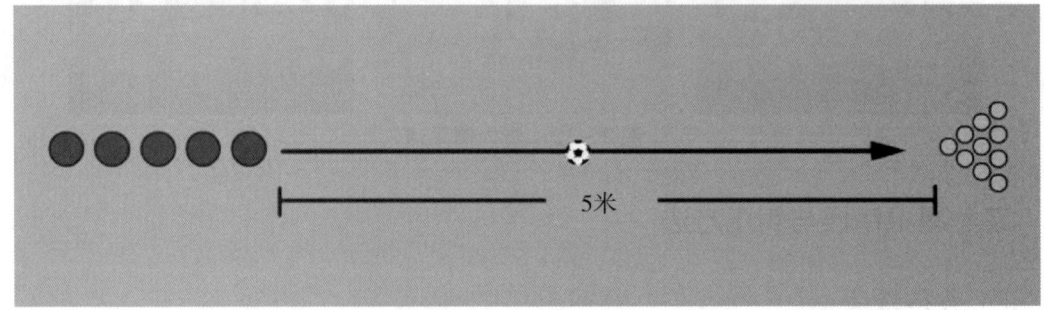

图2-11 踢"保龄球"

五、达标要求

（1）能熟练地用脚内侧踢定位球。
（2）能熟练地用脚内侧踢地滚球。
（3）能够掌握用脚内侧踢反弹球、空中球的技巧。

第四节 脚掌接球

脚掌接球主要运用脚掌的前半部，由于脚接触球面积大，较易将球停稳。因此，在比赛中常用于接地滚球和反弹球。

一、脚掌接球技术方法

（一）接地滚球

一般球从正面滚来，球速较慢，滚动平衡。当球接近于体前时，一腿支撑维持身体平衡，一腿脚尖翘起，脚跟稍离地面，以脚掌对准来球方向，当球刚接触脚掌时，脚踝轻轻下压，支撑腿膝关节配合做适当弯屈以缓冲来球力量（见图2-12）。

图 2-12　接地滚球

（二）接反弹球

球的落点在体前时，在准确判断好来球的弧度、落点和反弹方向的同时，选好支持脚的位置，支持脚一般踏在球落点的侧后方，膝关节微屈以保持重心平稳。接球腿屈膝上抬，足尖翘起，脚掌对准落地反弹方向，当球着地的一刹那，用停球脚的前脚掌触球的后上部，使球伏在地上（见图 2-13）。

图 2-13　接反弹球

（三）接球位置

（1）将球接向身后，在脚掌接触球的刹那，脚尖稍下压并回拉，并以支持脚为轴快速转身。

（2）将球接向侧前方，在脚掌接触球的刹那，脚尖稍下压，以髋关节为轴向左或右侧前方推送，使球伏地向侧前方滚动。

二、易犯错误与纠正方法

1．易犯错误

（1）判断球的落点不准。

（2）脚抬过高，易形成脚掌接球。

（3）接球脚过于紧张，力量过大，导致球停离身体过远。

2. 纠正方法

（1）抬脚时，脚面要前高后低，脚后跟离地高度不超过来球。
（2）支撑脚选位得当，不能太前或太后。
（3）球落地的瞬间正是踏压球的最好时机。

三、组织与教法

（1）教师讲解示范，组织练习。
（2）一人一球，进行原地踩足球练习。
（3）两人一球，相距 3 米进行互传、停球练习。
（4）两人一球，相距 5 米进行互传、停球练习。
（5）两人一球，进行前后左右移动传球、停球练习。

四、练习案例

对墙踢球，接反弹球

（1）练习目的：提高接球动作稳定性。
（2）练习方法：采用足球墙练习接地滚球，由开始原地接球逐渐过渡到迎上去接球，或开始在脚下接球。逐渐过渡到在设想的适宜的位置接球。根据需要加大踢球力量，提高回弹球速，增加停球难度。另外，也可练习接反弹球与空中球，但利用足球墙进行接旋转球的练习效果不佳（见图 2-14）。

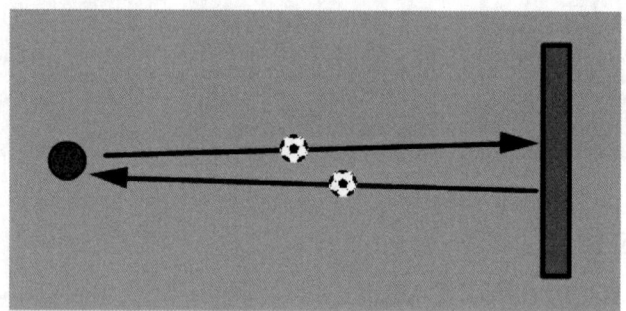

图 2-14 接反弹球

五、达标要求

（1）能原地用脚掌接地滚球和反弹球。
（2）能在移动中用脚掌接地滚球和反弹球。

第五节　脚背正面运球

脚背正面运球多在越过对手之后，前方纵深距离较长，仍需要快速运球前进情况下使用。

一、脚背正面运球技术方法

跑动时，身体自然放松，上体稍前倾，两臂自然摆动，步幅不宜过大。运球脚提起时，膝关节弯屈，脚跟提起，脚尖下指，在迈步前伸脚着地前。用脚背正面向前推拨球前进（见图2－15）。开始练习时，先用右脚，后用左脚，当较熟练掌握之后，可左右脚交替进行练习。

图2－15　脚背正面运球

二、易犯错误与纠正方法

1. 易犯错误

（1）运球脚推拨球部位不当，控制不住力量与方向。
（2）膝、踝关节僵硬，变成捅击动作，难以控球，支撑脚偏后，致使人球分离。

2. 纠正方法

（1）运球脚的脚跟提起，肢尖下指，用脚背正面推拨球的后中部。
（2）运球脚适度紧张，控制好推拨球的力量和方向。
（3）支撑脚接近球，以利于身体有效控制好球。

三、组织与教法

（1）按动作要领做无球跑动模仿练习。提醒自己注意重心降低，身体放松。
（2）在走动、慢跑中用单脚脚背正面运球。

（3）左、右脚交替做一步一触球练习。

（4）直线运球练习。分成两组，各成一路纵队，相距10米面对面站立。第一人运球到对面运球线前时，把球传给对面第一人。依次进行练习。

（5）急停起动运球练习。进行直线运球，运动中突然用前脚掌将球踩住，然后用脚背正面运球，反复练习。

四、练习案例

运球接力

（1）练习目的：培养合作意识，提高运球技术。

（2）练习方法：把学生分组（5人一组），每组第一个学生用脚背正面直线运球，绕过距离10米处的标志桶后返回，和第二个学生击掌同时把球给他后，第二个学生开始运球。依次进行练习，直到所有人都完成（见图2-16）。

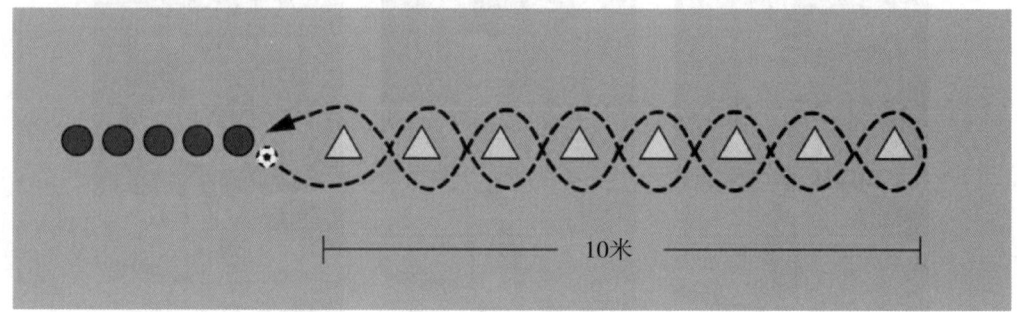

图2-16 运球接力

五、达标要求

（1）能熟练掌握脚背正面运球动作技术。

（2）能较为连贯地使用脚背正面运球10米。

第六节　脚内侧运球

在变向运动中会经常用到脚内侧运球，横向拉再一个前突，防守起来很吃力，能很好地摆脱对手围抢和上前逼抢。

一、脚内侧运球技术方法

运球时，支撑脚落地踩稳，身体往运球方向倾斜；运球脚的脚内侧连续地推击球外侧中后部，让球向支撑脚斜前方运行，运球脚落地站稳，接着改用支撑脚的脚内侧推球，如此反复，使球成曲线运行（见图2-17）。

图 2-17 脚内侧运球

二、易犯错误与纠正方法

1. 易犯错误

（1）支撑脚选位不当，挡住来球，或影响运球脚做动作。

（2）运球脚膝、踝关节僵硬，易形成直腿推拨球。

2. 纠正方法

（1）支撑脚的肢尖应与运球方向一致。

（2）运球腿屈膝提起，踝外转，推拨球后落地踏稳，左右脚交替进行。

三、组织与教法

（1）两脚分开与肩同宽，双脚拨球练习。用双脚脚内侧来回拨球。可在原地拨动，也可边拨边向前或向后移动。

（2）颠球。单脚的脚内侧向上颠球。两脚的脚内侧交替向上颠球。

（3）直线运球。按动作要领脚内侧直线运球，要求一步一触球，二步一触球练习。

（4）转圈练习。以一脚为轴，另一脚脚内侧向内运球，一步一推。一周后，换另一只脚练习。

四、练习案例

圆圈运球接力

（1）练习目的：培养球感，提高运球技术。

（2）练习方法：把学生分组，学生站在直径为 10 米的圆圈外，成纵队站立。第一名学生用脚内侧运动的方法，沿着圆圈逆时针方向运球一周，然后将球传给第二名学生，站到队伍后面；第二名学生接球后，依次进行练习，直到所有学生都完成动作（见图 2-18）。

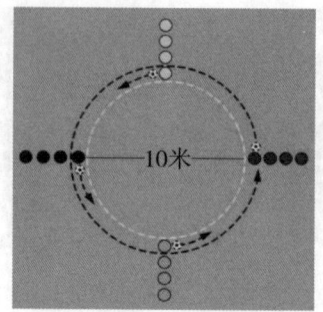

图 2-18 圆圈运球接力

五、达标要求

（1）熟练掌握脚内侧运球技巧。
（2）能较为连贯地使用脚内侧运球 15~20 米。

第二章　水平二（三、四年级）

第一节　大腿颠球

通过大腿颠球的练习，可以熟练地接高空下坠球，练习有助于动作的衔接，并运用在足球比赛中。

一、大腿颠球技术方法

支撑脚微屈，重心落在支撑脚上。当球落至膝关节部位时，颠球脚屈膝，大腿摆至水平状态时，触球中下部，将球击起。两腿相互交替击打来球（见图 2-19）。

图 2-19　大腿颠球

二、易犯错误与纠正方法

1. 易犯错误

（1）击球时，大、小腿紧张，用力不稳定。

（2）击球时身体姿势后仰或前倾过多，易造成球受力后向前或向后触碰身体，使球难以控制。

（3）颠球时身体其他部位不够放松，以至于动作僵硬。

2. 纠正方法

（1）大腿紧张用力，小腿放松。

（2）大腿应与地面平行。

（3）颠球时，身体放松。

三、组织与教法

（1）一人一球颠球：体会触球的时间、触球的部位、触球的力量和整个动作的协调配合。

（2）两人一球颠球：用腿部触球，掌握好触球的力量，尽量不让球落地。每人可触球一次颠给对方，也可触球多次互颠。

（3）4～5人一组，围圈用两球颠球：可规定每人触球的次数与部位，也可自由掌握触球的次数与部位。颠传时要注意观察，防止2个球同时颠传给同一伙伴。

四、达标要求

（1）能熟练地掌握腿部颠球的动作方法。

（2）能连续用腿部颠球6次以上。

（3）能1分钟颠球累计达到18次以上。

（4）评价表（见表2-3、表2-4）。

表2-3 计1分钟之内连续颠球成绩最好的一次（水平二）

年级	达标	良好	优秀	备注
三年级	5次	6～10次	11次以上	

表2-4 计1分钟之内累计颠球次数（水平二）

年级	达标	良好	优秀	备注
三年级	18～25次	26～35次	36次以上	
四年级	20～27次	28～36次	37次以上	

第二节　脚背内侧踢球

脚背内侧踢球是指用脚背里侧（俗称里脚背）触球的一种技术动作。脚背内侧踢球常用于中距离射门和传球。

一、脚背内侧踢球技术方法

斜线助跑，助跑方向与出球方向约成45°角，支持脚踏在球后方约25厘米处，膝盖略屈，脚尖指向出球方向，重心略倾向支持脚一侧。踢球腿以髋关节为轴，由后向前摆，击球后踢球腿顺势前摆着地（见图2-20）。

图2-20　脚背内侧踢球

二、易犯错误与纠正方法

1. 易犯错误

（1）支持脚选位不当，脚尖未对准出球方向，影响摆踢动作的完成。

（2）击球时，膝未前送，导致球内旋。

（3）踢球脚后摆不够，影响击球时发力。

2. 纠正方法

（1）助跑最后一步时，支撑脚脚尖应对准出球方向。

（2）踢球前摆时，膝关节应向出球方向顶送。

（3）后摆动作自然放松，前摆时发力要加速。

三、组织与教法

（1）对墙踢固定球练习。在初学阶段助跑环节上可简化为采用一步助跑，这样有利于支持脚的准确选位并将注意力更多集中到脚尖的控制。

（2）踢球腿摆动模仿练习。可以先在地面确定一个支持脚落地点，然后加一步、两步或多步助跑，反复练习。

（3）两人对传练习。两人相距约 25～30 米，踢定位球或活动球。

（4）下底传中练习。

①两人相距约 20～30 米平行跑动，相互进行传球练习。

②一人边路运球下底传中，另一人门前抢点射门。

③可以结合"二过一"边路配合战术进行传中练习。

四、练习案例

踢中目标

（1）练习目的：提高踢球技术，发展学生灵敏性。

（2）练习方法：将学生分成人数相等的两组，一组学生围绕圆（直径 10 米）站在圆上，另一组学生站在圆内。站在圆上的一组学生用足球向圆内踢球，站在圆内的学生进行躲避，不要让球击中，若被球击中，则站到圆上进行踢球，直到圆内的最后一名学生被球击中。然后再换组进行练习（见图 2-21）。

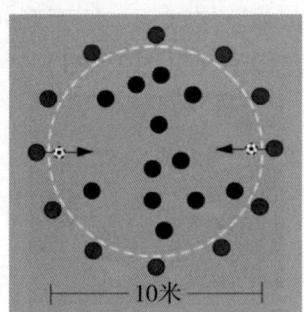

图 2-21　踢中目标

五、达标要求

（1）能够非常熟练地使用脚背内侧传球给小伙伴。

（2）能使用脚背内侧与 3～4 位小伙伴进行传球训练，成功传球 5 次以上。

（3）能使用脚背内侧进行中距离射门，成功射门 1 次。

第三节　脚内侧接球

脚内侧接球是用脚内侧部位接球的一种技术。由于脚触球面积大，动作简单，较易掌握，比赛中经常会使用这种技术接各种地滚球、平球、反弹球、空中球。

一、脚内侧接球技术方法

1. 脚内侧接地滚球

选好支撑脚,脚尖正对来球,膝关节微屈;接球脚提起,膝关节外转,脚内侧正对来球,当脚与球接触瞬间,迅速后撤将球接到所需位置上(见图 2-22)。

图 2-22 脚内侧接地滚球

2. 脚内侧接反弹球

根据来球情况,选好接球腿,并让接球腿与地面形成一定夹角。当球落地时,向下做压推动作,身体随之向接球方向移动(见图 2-23)。

图 2-23 脚内侧接反弹球

二、易犯错误与纠正方法

1. 易犯错误

(1)接球腿的膝、踝关节外展不够,接球不稳。

(2)接球时,迎撤时机与速度不当,缓冲效果差。

(3)切挡或压推接球后,重心跟进慢,动作脱节。

2. 纠正方法

（1）接球腿的膝、踝关节要充分外展，使脚内侧部位正对来球。
（2）接球时，迎撤时机与速度要与来球速度一致。
（3）控制好接球动作、力量与角度，使身体重心及时跟上。

三、组织与教法

（1）对"足球墙"进行传球后接地滚球练习。
（2）两人一球，相距约3米，进行传接地滚球练习。
（3）一人一球，自抛自停，用脚内侧反弹球练习。
（4）两人一球，相距约3米，一人抛球一人用脚内侧接反弹球练习。
（5）两人一球，相距约4米，一人抛球一人用脚内侧接空中球练习。

四、练习案例

移动中接球

（1）练习目的：提高脚内侧接球能力。
（2）练习方法：两人一组一球，一人向后跑，另一人向其掷球。接球人根据来球的高度选择用脚内侧接球，再用脚把球按住。球停在地上以后，接球人继续向后跑，队友跟上捡起球后再掷球，反复练习，完成一段距离练习后双方交换角色。

第四节 脚背外侧接球

脚背外侧接球在连接传或射门动作时具有良好效果，尤其适用于接球后变向，一般用于接地滚球和反弹球。

一、脚背外侧接球技术方法

1. 脚背外侧接地滚球

支撑腿膝关节微屈，接球腿屈膝，脚内转，使小腿及脚背外侧面与地面成一定夹角，脚离地面约10厘米的高度，然后大腿向接球后球运行方向推送，接着身体跟上（见图2－24）。

图 2-24　脚背外侧接地滚球

2. 脚背外侧接反弹球

主动迎接、准确判断。接球时，支撑腿微屈，站立于落球点的侧后方；接球腿屈膝，小腿斜靠支撑腿；触球瞬间，以外脚背推压球的内侧上部，将球接在所需要的位置上（见图 2-25）。

图 2-25　脚背外侧接反弹球

二、易犯错误与纠正方法

1. 易犯错误

（1）支撑脚选位不当，影响接球脚完成动作。

（2）对球的落点判断有误，推压时机不当，易造成接球不稳。

（3）膝、踝关节僵硬不灵，接球力量失控。

（4）接反弹球时，小腿与地面夹角不合理，接球后"卡死"。

2. 纠正方法

（1）调整好支撑脚与球落点间的距离。

（2）判断准落点，在球触地瞬间做推压动作。

（3）接球前，膝、踝关节要内收、内翻，并做适度推压动作。

（4）接球时，应选好小腿与地面适宜的夹角。

三、组织与教法

（1）利用"足球墙"进行接球练习，一人一球，向"足球墙"传低球后，进行接地滚球练习。

（2）两人一球，进行互传互接地滚球练习。

（3）两人一球，进行互抛互接反弹球练习。

四、练习案例

掷球和接球

（1）练习目的：提高脚背外侧接球能力。

（2）练习方法：两人一球。用标志物划定 2 米×2 米的区域，一人站在中间，另一人向其掷球。接球人根据来球方向，用脚背外侧接球并最终用脚将球控制在限定区域内。掷球人可随机变换球路、高度，从而提高练习难度。完成一轮后，双方互换角色（见图 2-26）。

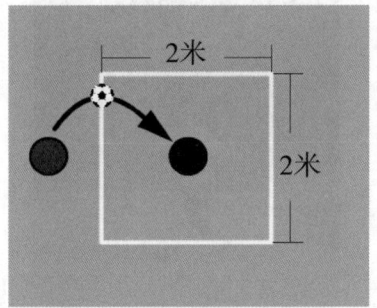

图 2-26 掷球和接球

第五节 脚背外侧运球

直线、弧线变向可运用脚背外侧运球，其特点是易于掌握运球方向和发挥运球人奔跑速度，还具有掩护球的作用。比赛中多在快速奔跑和向外改变方向时使用。

一、脚背外侧运球技术方法

1. 脚背外侧直线运球

支撑脚踏地，身体向运球方向倾斜，运球脚的脚尖内转，脚后跟提起，用脚背外侧轻推球的后中部，使球向前运行；当运球脚落地后，支撑脚向前跨一步，再用运球脚推球（见图 2-27）。

图 2-27　脚背外侧直线运球

2. 脚背外侧曲线运球

用脚背外侧推球内侧偏后中部。若改变方向曲线运球时，则运球脚向运球方向斜跨一大步，身体重心落在运球脚上，改用另一脚的脚背外侧推球的内侧偏后中部（见图 2-28）。

图 2-28　脚背外侧曲线运球

二、易犯错误与纠正方法

（一）易犯错误

(1) 低头看球，不观察场上情况。

(2) 触球力量过大，使球难以控制。

(3) 在曲线运球时，身体重心转换不协调。

（二）纠正方法

(1) 教师手势指挥，训练运球人抬头观察的习惯。

(2) 反复进行运球腿的屈膝推拨球练习。

(3) 运球中，身体稍前倾，重心略下沉。

(4) 当曲线运球改变方向时，支撑脚应跨大步。

三、组织与教法

（1）用左脚脚尖将球向自己身体这侧拉回来，然后用右脚脚背外侧将球推出去。接着用右脚脚尖拉回。反复进行上述练习。

（2）走或慢跑中做脚背外侧直线运球，一步一触球。

（3）单脚拨球练习。用单脚脚背外侧连续向外侧转圈拨球。一步一步拨球，球沿小圆圈进行。

（4）用右脚脚背外侧将球推出，然后用右脚外侧置于滚动的球前面，前球停住（此时，支持脚在球后面）。以右脚为轴转身180°，然后用右脚背外侧向前推出。

（5）掩护运球。用脚内侧做掩护运球。个人在慢速中做运球，而且有一人在一侧消极抢球，运球人侧身掩护运球。

四、练习案例

运球、停球

（1）练习目的：提高脚背外侧运球、控球能力。

（2）练习方法：每组排第一名的同学运球到对面停球，将左右两侧标志桶放倒。然后，运球回来，将球传给下一名同学，下一名同学再将标志桶立起，依次进行练习。

五、达标要求

（1）能熟练掌握脚背外侧运球的技巧。

（2）能较为连贯地使用脚背外侧运球 10 米。

第三章 水平三（五、六年级）

第一节 头颠球

头颠球在足球比赛中，常用于进攻射门或防守解围，特点是空中优势强，射门进攻时守门员难以防范。

一、头颠球技术方法

双腿开立，两臂自然张开，膝关节微屈，身体重心适当下降，头后仰。当球落至前额高度时，脚蹬地伸膝，腰稍用力向上，颈部适当紧张，用前额触球中下部，将球击起。注意来球时不要闭眼（见图 2–29）。

图 2–29 头颠球

二、易犯错误与纠正方法

1. 易犯错误

（1）头颠球时，易出现闭眼。
（2）在球下落时，用头顶击打球。
（3）头颠球仅靠颈部，腿部、躯干不协调。

2. 纠正方法

（1）头颠球时，双眼注视球的走向。
（2）在球下落时，用前额击打球中下部。
（3）头颠球时，身体的其他部位要协调。

三、组织与教法

（1）一人一球颠球。体会触球的时间、触球的部位、触球的力量和整个动作的协调配合。

（2）用前额颠球时，使球往上弹起，球的高度刚好是人的头长为宜。

（3）两人一球进行颠球。头部触球，掌握好触球的力量，尽量不让球落地。每人可触球一次颠给对方，也可触球多次双方互颠。

（4）4～5人为一组，围圈用两球颠球。可规定每人触球的次数与部位，也可自由掌握触球的次数与部位。颠传时要注意观察，防止两个球同时颠传给同一方。

四、达标要求

（1）能熟练掌握头部颠球的动作方法。

（2）能连续用头部颠球6次以上。

（3）能1分钟颠球累计达到22次以上。

（4）评价表（见表2-5、表2-6）。

表2-5 计1分钟之内连续颠球最好的一次成绩（水平三）

年级	达标	良好	优秀	备注
五年级	6次	7～12次	13次以上	
六年级	6次	7～13次	14次以上	

表2-6 计1分钟之内颠球累计次数（水平三）

年级	达标	良好	优秀	备注
五年级	22～30次	31～39次	40次以上	
六年级	25～32次	33～40次	41次以上	

第二节 脚背正面踢球

脚背正面踢球可以充分利用大腿的摆幅与小腿的摆速，踢球力量很大，准确性高。常用于踢定位球、空中球、反弹球和倒钩球等。

一、脚背正面踢球技术方法

踢球时助跑最后一步要大，支撑脚的位置与球平行，离球约10～15厘米，踢球脚尽量后摆，击在球后中部。踝关节适当紧张且脚尖指向地面，击球后身体随势向前（见图2-30）。

图 2-30 脚背正面踢球

二、易犯错误与纠正方法

1. 易犯错误

（1）支持脚的位置靠后，造成踢球时身体后仰，击中球的后下部，出球高度偏高。

（2）踢球脚摆腿未成直线，出球方向不正。

（3）击球瞬间，踝关节松弛，趾尖上挑，影响出球力量和方向。

2. 纠正方法

（1）控制好支撑脚的位置，支撑脚的位置与球平行。

（2）前摆击球时，膝关节前送，以保证作用力的目标方向。

（3）击球时，脚背要绷紧，脚跟要提起，脚尖应向下指。

三、组织与教法

（1）两人一球，进行原地练习踢固定球，体会踢球的部位及击球点。

（2）两人一球，进行助跑一步练习踢固定球，体会支持脚和重心的位置。

（3）两人一球，进行助跑三步练习踢固定球，体会、选择正确的踢球助跑路线。

（4）两人一球，进行间隔 5~7 米做互踢练习。

四、练习案例

抢球比赛

（1）练习目的：提高学生反应能力、控球能力。

（2）练习方法：将学生分成人数相等的 4 个队，分别排在标有 1~4 号相应位置上，每队有相等数目的球，规定时间内去把其他队的球运回自己队的圈内，最后自己队的球剩余多的为胜。

五、达标要求

（1）能够非常熟练地使用脚背正面踢定位球。
（2）能掌握使用脚背正面踢空中球、反弹球和倒钩球的技巧。

第三节　脚背外侧踢球

脚背外侧踢球是指用脚背外侧（也称外脚背）触球的一种技术动作。由于出脚快，隐蔽性较强，摆腿动作小，因此，能利用膝、踝关节的灵活变化改变出球方向和性质，且实用性较强。脚背外侧踢球常用于传球和定位球射门。

一、脚背外侧踢球技术方法

助跑既可直线也可斜线，踢球时助跑的最后一步要大，支撑脚的位置与球平行，离球约10～15厘米，踢球脚尽量后摆，摆腿时脚趾向内扣紧并斜下指，用脚背外侧击打球中后部（见图2-31）。

图2-31　脚背外侧踢球

二、易犯错误与纠正方法

1. 易犯错误

（1）支撑脚选位不当，影响摆腿时发力。
（2）摆腿时，髋关节内转或直腿击球，影响出球力量。
（3）击球时，膝、踝内旋不够，脚型不稳，影响出击的准确性。

2. 纠正方法

（1）选准支撑脚位置，保证摆腿发力得当。
（2）摆腿时，要依靠膝、踝关节内旋，保证脚外侧部击球。

(3) 击球瞬间，脚型保持相对稳定。

三、组织与教法

(1) 进行原地踢球模仿练习。
(2) 进行助跑踢球模仿练习。
(3) 两人或多人，相距 8～12 米，互相踢球练习。
(4) 多人围成一个圆圈，在圆圈内互相踢球练习。
(5) 距球门 15～20 米踢球（定位球）练习。

四、练习案例

抢截球

(1) 练习目的：提高传接球准确性。
(2) 练习方法：所有同学围成一个圈，相互间隔 1 米，其中 A 同学出列进入圈中，其他同学相互用各种方法传球（第一次传球 A 同学不能断球），圈中 A 同学想方设法断球。要求传球同学尽量传地滚球，球的高度不得高于膝关节，传球方向准确，力度合理。圈中 A 同学要反应灵敏，动作敏捷，注意封锁传球路线，传球 10 次后 A 同学如果不能断球则做 10 个俯卧撑，完成后继续抢截球练习。如果球被 A 同学拦截，则最后一个接触球的同学做 10 个俯卧撑（见图 2-32）。

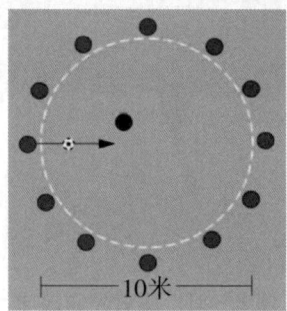

图 2-32 抢截球

五、达标要求

(1) 能够非常熟练地使用脚背外侧传球给队员。
(2) 能使用脚背外侧与 3～4 位队员进行传球训练，要求成功传球 5 次以上。
(3) 能使用脚背外侧进行定位球射门，要求成功射门一次。

第四节 胸部接球

胸部因面积大，有弹性，位置高，因此适宜运用胸部接停空中高球。根据来球的高低和弧度大小，可分别采用挺胸和收胸的接球方法。

一、胸部接球技术方法

1. 挺胸式接球

挺胸式接球常用于力量较小、弧度较大的来球。双眼注视来球方向，判断球的落点，双腿开立，双臂自然张开；挺胸迎球，触球的中下部，球触及胸部时，应挺胸、憋气，使球缓和弹落在身体前面（见图 2 – 33）。

图 2 – 33　挺胸式接球

2. 收胸式接球

收胸式接球常用于力量较大，弧度较小的来球。接球时，双脚开立，双臂自然张开，注视来球方向；当球与胸部接触的刹那，憋气收胸，让球速得到缓冲，使球落在身体前面（见图 2 – 34）。

图 2 – 34　收胸式接球

二、易犯错误与纠正方法

1. 易犯错误

（1）判断来球路线不准，球触胸部位置不正确。

(2) 收胸接球时，收胸、收腹过迟，使球停离身体过远。
(3) 挺胸接球时，未收下颌便抬头，球未能向上弹起。

2. 纠正方法

(1) 接球时，胸部应正对来球，以保证用合适的部位接球。
(2) 接球时，收胸、挺胸动作应与来球速度相适应。

三、组织与教法

(1) 每人一球，进行自抛挺胸式接球练习。
(2) 两人一球，进行互抛收胸式接球练习。
(3) 三人一球，一人抛球一人用胸部接球后传球给第三人。
(4) 两人一球，一人抛球，一人用胸部接球后，射门练习。

四、练习案例

1. 三人传接球

(1) 练习目的：控制球的落点，提高接球成功率。
(2) 练习方法：三人为一组，每组有一球，进行接球转身传球练习。每人相距约10米站成一条直线。甲传球给丙（越过乙的头顶），丙接反弹球或空中球后传地滚球给乙，乙接地滚球后转身再传给甲，甲接地滚球后再依次进行。三人的位置可随教师的指令轮流交换（见图2-35）。

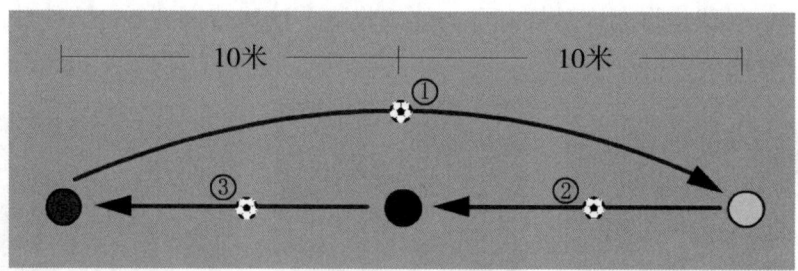

图2-35 三人传接球

2. 互传、接球

(1) 练习目的：提高传高球技术及接球能力。
(2) 练习方法：两人一球，互相传高球。球可能落地，但是传递必须流畅。听到"停"的指令后，持球人需立刻用膝盖顶球，未能及时用膝盖顶球的一组将出局。最后留在场上的一组获胜（见图2-36）。

图 2-36 互传、接球

第五节 运球过人

在运球过人的过程中，拨、拉、扣、挑等动作的动力因素都可突然改变球运行的方向，即改变球的位置，使对手虽有可能触到球，但又不能先于运球人触到球。

一、运球过人技术方法

1. 挑球过人

挑球过人指用脚背与脚尖翘起上挑球的动作或用脚背上撩球的动作，使球向前上方改变方向（见图2-37）。

图 2-37 挑球过人

2. 拉球过人

拉球过人指用脚掌将球由前向后或由左（右）向右（左）拖拉球的动作（见图2-38）。

图2-38 拉球过人

3. 扣球过人

扣球过人指用突然的转身和脚腕急转扣压动作以脚背内侧或脚背外侧触球，将球向侧后方停下或改变方向运行。用脚背内侧扣球的动作称"里扣"；用脚背外侧扣球的动作称"外扣"（见图2-39）。

图2-39 扣球过人

4. 拨球过人

拨球过人用脚腕扭拨球的动作，以脚背内侧或脚背外侧触球，使球向侧方或侧前方运动，用脚背内侧拨球的动作称"里拨"，用脚背外侧拨球的动作称"外拨"（见图2-40）。

图2-40 拨球过人

二、易犯错误与纠正方法

1．易犯错误

（1）脚触球部位不正确。

（2）触球时，力量控制不好，造成人球脱节而失去对球的控制。

（3）掌握不准运球方向。

2．纠正方法

（1）正确体会脚触球的部位，强调脚背，固定脚腕，看准触球的点。

（2）减小推拨球的力量。

（3）掌握脚蹬、摆用力方向，放慢运球速度。

三、组织与教法

（1）每人一球，进行挑、拉、扣、拨的练习。

（2）每人一球，进行运球过指定标志物练习。

（3）两人一球，进行一人运球过人，一人消极防守练习。

（4）两人一球，进行一人运球过人，一人防守练习。

（5）两人一球，进行一人运球过人射门练习。

四、练习案例

1．运球突破对手

（1）练习目的：提高一对一突破过人的能力。

（2）练习方法：在一个长10~14米、宽6~10米的区域两端，两队每名学生持球面对场地中间的一名防守人。第一名向前运球和防守人成1对1的局面。而防守人必须站在中线的位置上，持球人则尽力运球突破他，然后将球带到另一端。等防守人回到原地后，另一端的学生按照相同的方法突破这名防守队员（见图2-41）。

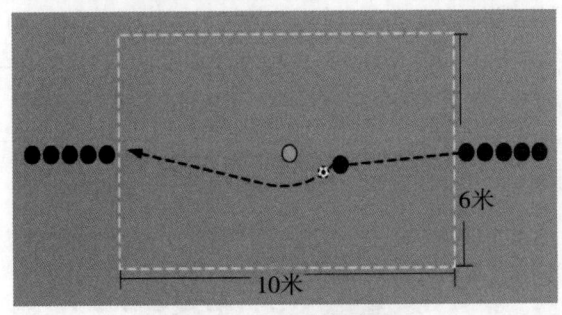

图2-41　运球突破对手

2．运球晃过快速逼近的防守人

（1）练习目的：培养掌握突破的时机，提高运球过人能力。

（2）练习方法：两队学生相对站立在一个长 18 米、宽 12 米的区域两端，一端为进攻，一人一球。另一端为防守。练习时，进攻队和防守队各出一人对抗，进攻人尽可能晃过防守人后运球跑到对方的底线，而防守人只能向前跑到对方的队尾。一轮练习结束后双方变换攻防角色（见图 2-42）。

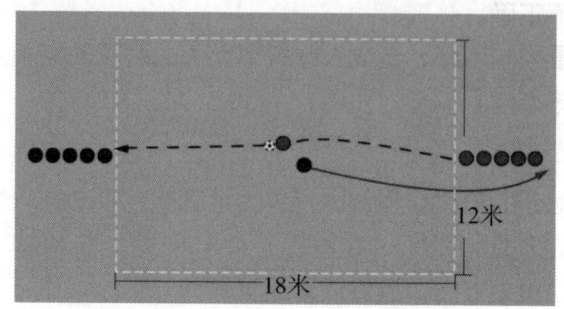

图 2-42　运球晃过快速逼近的防守人

3. 模拟比赛中出现的接球、运球及停球

（1）练习目的：提高接球能力以及局部配合协作意识。

（2）练习方法：站成一路纵队，老师从 5 米左右向第一人抛球或掷球，第一人控制住球后立刻运球启动。要注意，接球人不应该把球完全停住，而要凭借球感直接向目标方向变向；然后运球到老师处，把球停在老师的向前，跑回队尾。接下，老师再向下一人掷出球，依次进行（见图 2-43）。

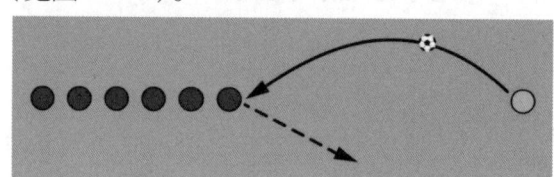

图 2-43　接球、运球及停球

4. 停球、运球及传球

（1）练习目的：提高停、运、传技术的连贯性，为比赛做准备。

（2）练习方法：用标志物摆出正方形区域，学生绕着该区域传球。当一人拿到球后，需先运球绕过标志物再将球传出。练习过程中可以使用多个球。可事先规定停球或接球的方式，如脚内侧、外脚背或直接用脚跟完成转身变向等（见图 2-44）。

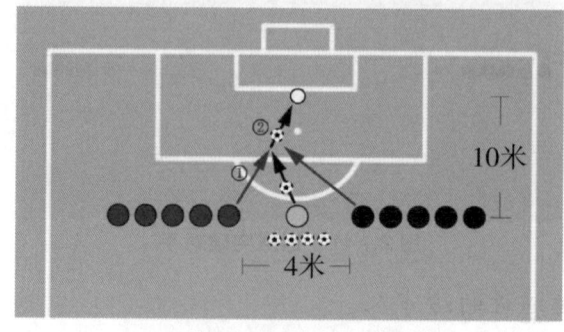

图 2-44　停球、运球及传球

5. 停球、运球及射门

（1）练习目的：提高停、运、射门技术的连贯性，为比赛作准备。

（2）练习方法：在球门前约 20 米处站成一路纵队，一人一球，传球者站在队列的斜前方。队列的第一人传球给传球者，传球者再将球传回。接到球后立刻运球绕杆至禁区线附近并射门。完成动作后，作为下一名传球者，原传球者则回到队尾。

五、达标要求

（1）能熟练地掌握运球动作。

（2）能熟练地运用四种动作技巧运球过三人以上。

第六节　前额正面头顶球

前额正面头顶球是由额肌覆盖着的额骨正面部分去击球的一种动作方法，其触球部位（见图 2-45）中前额的阴影部分。

图 2-45　前额正面击球部位

一、前额正面头顶球技术方法

1. 前额正面原地头顶球

身体正对来球方向，收下额、双脚左右或前后站开立，双臂自然张开，双眼注视来球。身体后仰，当球运行到离身体前方 2 米左右时，两腿用力蹬地，身体快速前摆，用前额正面击球中部，上体也随出球方向前摆（见图 2-46）。

图 2-46　前额正面原地头顶球

2. 前额正面原地跳起头顶球

双脚起跳时，两膝屈曲，重心下降，然后两脚用力蹬地起跳，两臂屈肘上摆，在身体跳起至最高点时展腹挺胸，两臂自然张开，双眼注视来球，身体自然成背弓。当球运行至身体正面时，迅速收腹，上体前摆，触球瞬间颈部做爆发性振摆，用前额正面将球顶出。同时两腿向前做振摆，球顶出后两腿屈膝屈踝落地（见图 2-47）。

图 2-47　前额正面原地跳起头顶球

3. 前额正前面跑动头顶球

其主要技术环节与原地跳起头顶球相同，跑动中多用单脚起跳，起跳前一步稍大些，起跳脚用力蹬地，另一脚屈膝上摆，用头击球（见图 2-48）。

图 2-48　前额正前面跑动头顶球

二、易犯错误与纠正方法

1. 易犯错误

（1）上身与下肢不协调，影响发力效果。

（2）击球时机不当，闭眼缩脖，影响顶球力量与准确性。

（3）跳起顶球时，起跳时机不当，影响出球质量。

2. 纠正方法

（1）身体要呈背弓状，自下向上发力顶球。

（2）前额应处在身体重心的垂直面睁眼击球。

（3）熟练掌握助跑、直跳和摆击动作。

三、组织与教法

（1）进行无球模仿练习。

（2）每人一球，双手持球，进行头前顶球练习。

（3）利用吊球，进行跳起顶球练习。

（4）两人一球，进行互抛互顶练习。

四、练习案例

1. 运用身体的力量进行头顶球

（1）练习目的：体验头顶球技术，掌握用力方法。

（2）练习方法：两人一球，一名队员面向同伴坐在地上，后者手持球站在离他3～6米处。持球队员低手位将球轻缓地抛出，使坐着的人可在齐胸高的位置将球顶回到持球人手中。在完成指定的头顶练习任务后，双方互换位置。

2. 可控制的头顶球

（1）练习目的：体验头顶球技术，提高头顶球准确性。

（2）练习方法：一人一球，面对足球墙，自己抛球，然后用头将球顶向足球墙，再接住反弹回来的球。反复为自己抛球，并在用手接球之前尝试第二次用头连续顶球。注意不要离墙太近，应确保头部顶在足球的下半部。

3. 强调力量和准确性的头顶球

（1）练习目的：提高头顶球技，培养头球射门意识。

（2）练习方法：用标志物摆成两个宽4～6米、相距5～7米的球门，每个球门的中央站一人。一人用手为自己抛出一个球，然后用头顶球攻击对方的球门，另一人则充当守门员进行扑球。完成练习后，双方互换角色（见图2-49）。

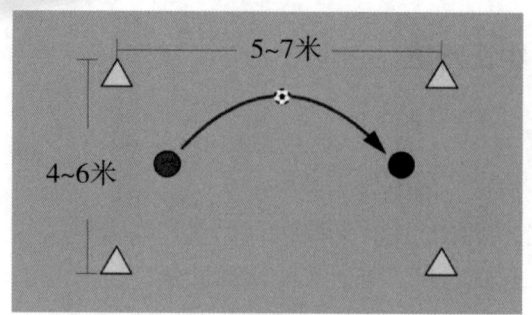

图 2-49 强调力量和准确性的头顶球

4. 移动中头顶球

（1）练习目的：提高头顶球技术，培养合作意识。

（2）练习方法：两人一球，相距1~2米站立，其中一人将球抛给另一人顶球，然后接住顶回的球。并且可以做向前、向后、向左、向右的移动顶球，完成一定次数的练习后，双方互换角色。

5. 可控制的头顶球

（1）练习目的：提高头顶球技术，掌握顶球时机和移动位置。

（2）练习方法：在场地上放置一条高约1.2米的长绳，两人一球相对站在绳的两侧。持球人将球抛过绳，由另一人用头将球顶回。也可以两人相互用头连续顶球。也可以二对二进行练习。

6. 跳起头顶球

（1）练习目的：提高头顶球的准确性，把握好起跳时机。

（2）练习方法：把学生分为两组，相距约3~5米面对面站立，并且相互之间的位置稍微偏离一点。其中一队排位第一的人低手位将球抛给另一队的第一人，而后迅速地跑到己方队尾，而接球人在跳起将球顶给对方队列的第二人后也迅速转身跑到己方队列的队尾。一队抛球则另一队顶球，练习按照这个顺序反复进行。

7. 鱼跃头顶球

（1）练习目的：体验鱼跃头顶球技术，提高头顶球能力。

（2）练习方法：两人一球和一张体操垫，其中一人持球站立，另一人则跪在离对方4~7米远的体操垫前。抛球人用双手低手位将球抛出，并使足球的飞行距离小于两人之间的距离，顶球的人必须前冲鱼跃头顶球。顶球后，顶球人应确保双手着地以缓解身体的前冲力。此外，顶球人每次顶球均应让对方接住。完成要求的头顶球练习次数后，双方互换位置。

第三篇　比赛战术篇

足球比赛是攻和守这对矛盾组成的，攻和守不断地变换就组成了比赛的全过程。根据攻守的基本特点，足球战术可分为进攻战术、防守战术、比赛阵型三大部分。本章主要介绍部分进攻战术、防守战术两方面的内容。

第一章　进攻战术

第一节　个人进攻战术

个人进攻战术是指在比赛中为了战胜对手而采取的符合整体进攻目的的个人行为。个人进攻战术是构成局部和整体进攻战术的环节，其行动水平的高低直接影响着局部和整体进攻战术的质量。个人进攻战术包括：传球、跑位、运球突破、射门。

一、传球

传球是指队员在比赛中有目的地把球踢给同伴或踢向预定的方位。是整体战术配合的基础，是组织进攻、变换战术、迅速逼近对方球门、创造射门机会的主要战术方法。传球是足球比赛中运用最多、最重要的战术手段（见图3-1）。

图3-1　传球

传球的运用应注意隐蔽、时机、准确、力量、全面。

1. 隐蔽

传球意图暴露是传球失误、同伴接球困难的重要原因。隐蔽是达到传球战术目的的前提。

2. 时机

掌握传球时机就是在比赛中能使同伴和球同时到达防守空档内的传球时间机会。时机涉及时间、空间、接球同伴、球、防守人，其他同伴及场区等因素。

3. 准确

准确包括高度、方向、位置、旋转等。一般来说，能传滚球就不要传空中球，防守人在同伴左侧，球就要传到同伴的右侧，需要前点球就不要把球传向后点。

4. 力量

传球的力量应有利于同伴控制球、支配球，而不应给其造成阻碍。

5. 全面

只有全面掌握各种脚法、各种踢法的传球，才能在比赛中传出隐蔽性强，且不同高度、距离、落点、旋转方向的球，提高传球成功率，组织有效进攻，创造更多的射门机会。

二、跑位

跑位是指在比赛中队员在无球的情况下，通过有意识的跑动，为自己或同伴创造进攻机会，从而直接或间接地威胁对方球门。跑位是整体进攻战术的基础，一方面是进攻队员为了获得球的准备行动，另一方面也是拉开对方防线、为自己和同伴创造获得球的时间和空间的重要手段（见图3-2）。

图3-2 跑位

敏锐的观察、明确的目的、合理的时机和多变的行动是跑位的主要战术内容。

1. 敏锐的观察

当本方队员得球，由守转攻时，其他同伴首要任务就是观察控球队员所处的场区位置、控球情况、出球角度和方向。其次，还要观察其他无球同伴的活动及对方布防情况等。

2. 明确的目的

正确的跑位可达到摆脱、接应、拉开、切入、插上、套边、包抄、扯动和牵制的目的。

3. 合理的时机

合理的跑位时机，涉及跑位队员、传球队员控球的情况和传球运行的时间、空间的情况及防守队员的位置、行动意图等。

4. 多变的行动

（1）传球后立即跑位。

（2）要力争向前跑位。

（3）隐蔽跑位意图。

（4）根据对手的体能、速度、意识、经验特点，扬己之长，克彼之短，合理跑位。

（5）不停地跑位。

三、运球突破

运球突破是极为重要、极有威胁性的个人进攻战术，是突破防守体系，创造以多打少的重要方法，也是制造更好的射门和传球机会的有效手段（见图3-3）。运球突破方法有如下五种。

图3-3 运球突破

1. 踩单车带球

踩单车带球可以很好地迷惑对手，运动员佯装向一个方向带球，但真正的带球方向却是另一边。带球队员在防守队员身前，把一只脚从球的上方跨过，且身体也朝这个方向轻微移动。这时防守队员的身体重心已经向这侧转移，因为其误以为这就是进攻队员的带球方向。带球队员再用支撑脚外脚背将球拨向相反的方向，就可以绕开防守队员。带球队员可做多次踩单车带球直到防守队员出现错误判断，从而获得带球空间（见图3-4）。

图 3-4　踩单车带球

2. 急停

当带球队员身边紧跟防守队员时，可用急停进行摆脱。带球队员在带球的过程中突然用脚底踩住球急停，这时要注意不要把球踢开或让自己摔倒。当防守队员跟带球队员随急停时，一般会跨出弓步，带球队员可见机把球从防守队员两腿之间穿过，再从防守队员身边绕开。如果防守队员完全停住，带球队员可利用速度和节奏的快速变化摆脱防守队员。急停方法一旦奏效，带球队员需要尽快地带球逃离对方的防守范围（见图3-5）。

图 3-5　急停

3. 脚背垫球转身

当进攻队员接球时，如果防守队员站在身边，进攻队员可尝试用脚背垫球转身的技巧让球变向。进攻队员用外脚背触球，一方面让球减速，另一方面把球垫到自己和防守队员的身后，然后进攻队员再转身绕过防守队员按球。脚背在触球的瞬间要有一个轻微的向前摆的动作，从而使球正确地旋转（见图3-6）。

图 3-6 脚背垫球转身

4. 脚后跟变向

脚后跟变向技术适用于接球时防守队员站在自己正后方的情况。接球队员向前一步迎球，让球从自己的两腿中间穿过，并用脚后跟内侧触球让球变向。这样，球会从防守队员的左侧或右侧滚过，进攻队员迅速转身按球。进攻队员在转身时应走内线，这样不仅距离短，而且动作更协调（见图 3-7）。

图 3-7 脚后跟变向

5. 踩球转身

当防守队员来到持球队员身边时，持球队员把球停住，停球脚变支撑脚踩球，以自己的身体为轴，另一只脚触球改变球的方向并顺势转身。这样，持球队员为自己赢得了时间和空间，以便做下一步策略。这一技术动作只有在全部动作完成后才能发挥作用，但它也增加了丢球的风险（见图 3-8）。

图 3-8 踩球转身

6. 运球突破注意事项

采用运球突破时应注意以下六点：

（1）控好球、护好球。能突则突，不能突也不要丢失球权，使全队陷入被动。

（2）掌握好运突的距离和时机。在对方抢截半径以外，在对手犹豫不决时或向其移动时，则向抢球动作反方向果断突破。

（3）运球应采用多元组合，动作衔接紧凑，使对手移动不及或抢球失误。

（4）一旦突破对手，即可形成以多打少的有利局面，应及时射门、传球配合。

（5）根据对手的特点机动灵活运用运球突破战术。

（6）不可滥用运球突破战术。

四、射门

比赛中，射门是进攻得分的唯一手段，是一切进攻战术配合的最终目的，是进攻战术最重要、最困难、最振奋人心的环节（见图 3-9）。

图 3-9 射门

在比赛中射门需要注意的事项：

（1）强烈的射门进球意识和欲望。具有强烈的射门进球意识和欲望，捕捉一切射门的机会是进球获胜的前奏。要敢于在激烈对抗中完成射门动作，要勇于承担射不进的风险责任。

（2）射门必须准确、突然、有力。准确是射门的前提，也是能否把球射入对方球门的关键。在射门准确的基础上，要射得突然、有力，使对方守门员猝不及防，尤其是远射更应强调力量。

（3）尽量射低球。守门员扑接低球、地滚球比接平球、高球更困难。

（4）选择最佳射门角度。射门前要观察守门员所处的位置和移动情况，射门角度选择是否得当，直接影响射门的效果。

（5）注意射门区域。射门区域一般分为1、2、3、4个区域（见图3-10）。其中进球率1区占67.4%，2区占22.4%，3区占8.7%，4区占1.5%。

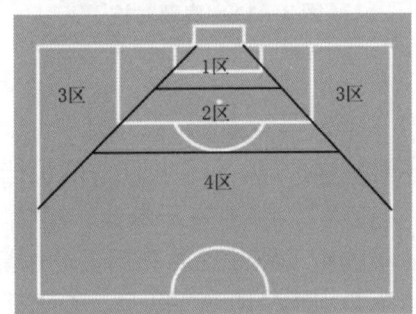

图3-10　射门区域

（6）把握射门机会，不失时机果断起脚。要观察、分析守门员的意图动向，合理选择射门方法。做到争抢射，直接射。

第二节　"一对一"进攻战术

无论在地面上还是半空中，一对一进攻的情况在足球比赛期间不停地发生着，两名队员为争夺球权进行直接的较量。想在一对一中获胜，需要队员有良好的身体素质和灵活的身体。

一、肩部对抗

在进行一对一过人时，两名队员会产生身体接触。严格来讲，双方只被允许在对球直接的争抢中用肩部互相阻挡。如果队员在运球过程中用手臂或腿阻挡对方，则算犯规，需给对方罚任意球的机会；然而在实际比赛中是没有裁判会如此严格，轻微的身体接触是在被允许的范围内的（见图3-11）（唯一被允许的对抗方式是用肩至肘关节部位冲撞对方的相应部位，冲撞时球必须在双方控制的范围内）。

图 3-11　肩部对抗

二、挡在背后

前锋队员经常要在一对一对抗中护球。他们把防守队员挡在背后，阻止他们碰到球。为此，进攻队员需要把自己"变宽"，即伸展开身体，用腰、腿部发力抵住防守队员；此外，还需用身体挡住防守队员的跑动路线，并利用假动作等迷惑对手。进攻队员尝试阻止防守队员碰球。必须注意不要用手拉拽防守队员，否则视为犯规（图 3-12）。

图 3-12　挡在背后

此外，我们可进行如下三个练习：

1. 先到先射

（1）练习目的：发展学生速度及射门能力。

（2）练习方法：所有队员分成两列站立在底线后的球门两侧，沿两条禁区的短边放置若干标志物组成障碍。教师发出口令后，两列的第一名队员做绕杆冲刺，并跑向大禁区弧线。教师站在大禁区弧线中点处，球应传给最先到达某区前的队员。得球的队员尝试射门，无球队员尝试将球拦截（见图 3-13）（如果前两名运动员都已经完成绕杆跑动作，下一组队员便可开始练习）。

图 3-13 先到先射

2. 互有攻守

（1）练习目的：增强一对一对抗的能力，提高球员的位置感、协调性。

（2）练习方法：将两个小球门相对摆放，球门之间距离约 15 米。队员两人为一组站在球门旁，守门员掷出地滚球。两名队员快速跑向足球，形成一对一对抗，争取进球或阻截。当球出界、被守门员抱住或进球后，守门员将另一个球扔进场内，两名队员可更换角色，向另一侧球门进行同样的练习（见图 3-14）。

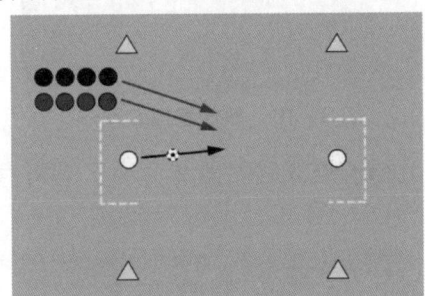

图 3-14 互有攻守

3. 发球站

（1）练习目的：增强进攻队员在一对一对抗时的传接球能力。

（2）练习方法：用标志物摆出一个长方形的狭长区域，一名进攻队员和一名防守队员站在区域内，在长方形的两个短边各站一名队员。其中一名队员把球传给区域内的进攻队员，进攻队员通过对抗在防守队员身前接球，并回传给区域外的队员。区域外队员拿球后，将球穿过区域传给另一侧的队员，而且区域内的两名队员不得干扰或协助此次传递。区域外球员接球后，反复练习（见图 3-15）。

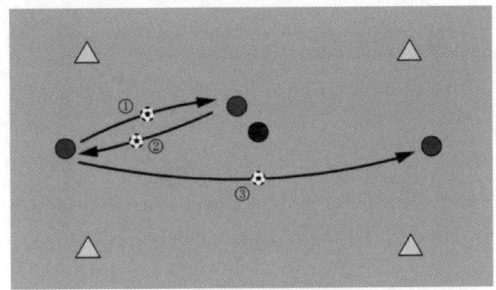

图 3-15 发球站

第三节 "二过一"战术配合

"二过一"战术配合是指在局部地区两个进攻队员通过两次以上的连续传球配合，超越防守队员的默契行动。

"二过一"战术配合有如下四种形式：

（1）斜传直插二过一。⑤横传给⑥后直插④背后，⑥再斜传给⑤。左侧的⑦与⑧配合与此相同（见图3-16）。

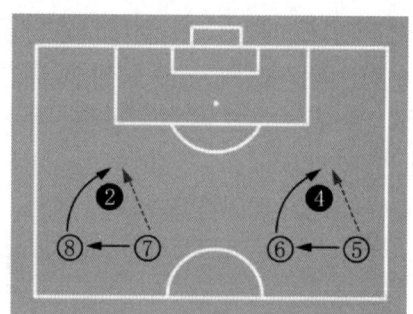

图3-16 斜传直插二过一

（2）直传斜插二过一。⑥横传给⑤后斜插②背后，⑤再直传给⑥。左侧的⑦与⑧配合与此相同（见图3-17）。

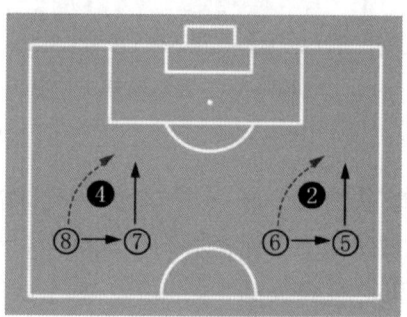

图3-17 直传斜插二过一

（3）踢墙式二过一。⑧向⑨脚下传球，球因碰到墙上而弹向③背后的空位，⑧切入接球（见图3-18）。

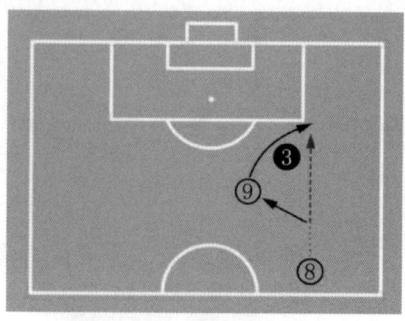

图3-18 踢墙式二过一

（4）横、回传反切二过一。⑦先回撤接⑧的传球，当④向前盯逼时，球可回传给⑧后再前插（或反切）到④背后空位，⑧斜传给前插的⑦。另一侧的配合方法类同（见图3-19）。

图3-19　横、回传反切二过一

第二章 防守战术

第一节 个人防守战术

个人防守战术包括：选位、盯人、抢截等。

一、选位

选位是指防守队员在防守时选择占据合理的防守位置。在失球瞬间，防守队员应根据自己的防守范围与对手情况，迅速选择有利位置，并朝着本方球门撤退，以便封锁对方向本方球门的路线。

回防的路线是在侧翼的队员应沿着一条向近侧门柱延伸的线回收；在中间的队员应沿着一条向罚球点延伸的线回收。在回防过程中要时刻观察场上情况，既要看球，又要注视对手，做到人球兼顾，决不能让对手离开自己的视野范围。

二、盯人

盯人是指防守队员控制进攻队员的行动与传接球的时间与空间。

盯人分为紧逼盯人和松动盯人两种。紧逼盯人是贴近对手，不给对手有得球与处理球的机会。松动盯人是以区域站位为主，既盯住对手，又保护同伴，只有在对手接球或切入时才紧逼盯人（见图3-20）。

图3-20 盯人

因此，在运用盯人防守时要注意以下三点：

（1）根据球的位置站位于被盯者与本方球门线中点之间的连线上，结合比赛情况，保持与球的适当距离。

（2）注意力高度集中，能够洞察四周局势，以便提前有准备地干扰被盯者接球或处理脚下球。

（3）为了防止盯人的失败，每一个盯人者除了完成自己的任务之外，还必须具备补漏意识和能力，以便在同伴失职后仍能保证整体防守的有效性。

三、抢截

抢截球技术在比赛运用时必须在保证整体防守稳固的前提下进行。抢球前不要受对方身体晃动的影响，要将主要精力放在观察球上。抢截球时要善于抓住对手刚做出的第一个动作，而第二个动作又不可能衔接的瞬间，迅速果断采取抢截行动。

（1）断球是发挥个人抢截能力最积极有效的方法，是截球动作方法的具体运用。在个人的防守过程中，只要选位恰当，判断准确，掌握对方队员相互传球的时机，在对手尚未接球之前将球抢截或捅掉。

（2）争球是双方处于同等条件下，侧面抢球动作方法的具体运用。争球的先决条件是要抢先占据有利位置，否则就不能合理运用身体的冲撞而争到球。

（3）破坏球是当对手运球突破时，而自己又来不及赶上，为了及时拦截其传球、射门的动作，往往会采用把球捅掉、大脚踢出界外或倒地铲球的动作使球脱离对手的控制。

第二节　守门员防守

一、守门员起跳技术——脱离地面

守门员有着与场上其他队员完全不同的动作过程。虽然他们也会奔跑、传球和头球，但除此之外，他们在场上更多的是在跳跃。为了化解边路起球或射门的威胁，他们需要掌握出色的起跳技术。

1. 双腿起跳

在扑救球时，守门员不得不经常跳向球门的一角，这种跳跃是双腿发力、将身体展开的侧身扑救。在接高球或低平球射门时，守门员最好选择单脚起跳，让另一条腿做摆动助力。当对方队员逼近球门时，守门员应微微屈膝，做好起跳准备（见图3-21）。守门员在场上始终要做好起跳准备——侧扑时用双脚起跳，向上时用单脚起跳。

图 3-21　脱离地面

2. 倒地

起跳之后往往要倒地，因此，守门员身体发生外伤的频率就大于其他队员。为了避免受伤，守门员必须学会正确的倒地方法。正确的倒地需要做出翻滚的动作，以分散倒地时的冲击。

我们可通过侧倒地接球的练习增强守门员的倒地技能。训练开始时，守门员坐在球门前，教练员向其侧方扔半高球；守门员向球侧倾斜身体，将球双手拍回给教练员，并顺势倒地，上肢碰到地面后，身体借力立刻回到原位（见图 3-22）。练习中，守门员的双腿要展开且微张，调整到最合适活动的坐姿。

图 3-22　侧倒地接球

二、守门员接球——稳字为先

守门员要做的不只是阻挡射向门前的足球，最好还能帮助本方控制球权。这就需要守门员扑救、接球并把球拿稳。其需要在一瞬间做出决定，选择将球抱住，或是迫于射门力量较大、角度刁钻而选择将球扑出。如果决定要接球，就必须稳稳将球抱住。

1. 确保球拿稳

守门员在拿球和接球时要最大限度地确保球的稳定性。因此，在理想状况下应当用双手触球。除此之外，守门员也可以用自己的身体提供更多的保障：接半高球时，守门员应尝试在胸前接球，如果球脱手，自己的躯干也能挡住来球，阻止球继续向球门方向前进；接地滚球时，守门员则需要采用屈膝半蹲的方式接球，用腿和脚封锁球的前进线路，防止球脱手后从两腿之间穿过，造成对手进球。训练时，主力队员和替补队员可互相发球进行练习（见图 3-23）。

图 3-23　确保球拿稳

2. 胸前抱球

守门员胸前抱球是最安全的接球处理方法，只要抱紧，球便不会再从手中滑出，而且对方队员也不能再做抢球动作。因此，拿球后将球抱在胸前应成为守门员的习惯动作（见图 3-24）。我们可以通过以下训练来巩固胸前抱球的技术。

图 3-24　胸前抱球

（1）接平低球。在训练时，守门员可将球抛向半空，等球落地后弹起接住并抱在胸前。胸前接球也同样适用于接低平球，教练员射出低平球，守门员拿到球后向前倒地，将球压在胸前。根据比赛规则，守门员在确保球稳定之后应立即起身，必须在 6 秒内将球发出去（见图 3-25）。

图 3-25　接低平球

（2）跑动中接球。在训练时，教练员慢步向后跑，守门员跟随教练移动并保持数米间距。教练员向守门员方向射出速度较慢的半高球，守门员需要在跑动中接球并把球贴在胸前抱住。在站立情况下，守门员将球抱稳之后掷回给教练。训练守门员接球、护球的能力，以及协调性（见图3-26）。

图3-26　跑动中接球

三、守门员接高空球——制霸领空

在整个罚球区内，守门员都能用手触球。例如，可以按下传入禁区的传中球。然而根据实际情况来看，守门员并非每次都要出击，其必须学会判断哪些球能够接住，而哪些球不能按。在接高球时，守门员不仅要选择正确的时机，还要为了抢占合适的位置与对方队员甚至是本方队员进行身体对抗。

（1）基本动作：守门员在助跑之后单腿起跳，另一条腿作为摆动腿顺势上提，使膝盖抬到与腹部齐平的位置，从而获得有效的助力。起跳腿一直到脚尖位置都需要完全伸展，以保证身体的张力。守门员应当尝试在额头正前方按下足球，并在双脚落地后将其贴胸抱住。

（2）跳跃障碍：为了更好地掌握接高空球的技术，需要以出色的弹跳能力，尤其是以起跳能力为基础。跳跃障碍的练习是一个比较好的训练方式，可以提高守门员滞空能力。

我们可以通过以下训练来巩固守门员接高空球的技能：

（1）跳跃障碍物。在一条直线上每隔3米左右分别放置不同高度的障碍物或标志物，守门员在跑动中单腿跳过障碍物，然后用双脚着地，再跑向下一个障碍物。

（2）"传中雨"。其他队员面向球门站在罚球区的一个上角，第一名队员从此处向禁区内传中。守门员需要观察球的飞行线路并在空中将球拦截，在球拿稳并抱于胸前之后再将球滚向禁区的另一侧上角，而传球队员等待下一轮传中。此时，守门员向球门方向后退，并做好接下一名队员的传中球的准备。"传中雨"练习主要训练守门员和场上队员的合作能力（见图3-27）。

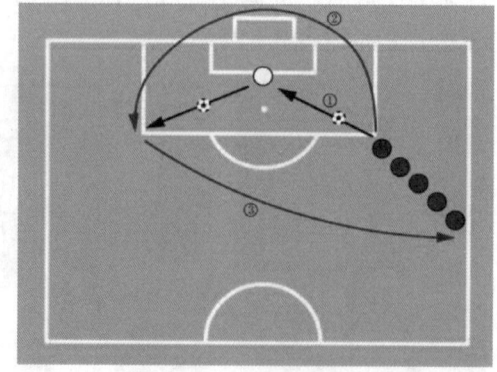

图3-27　传中雨

第三节 "一对一"防守战术

为了能够随时应对对方队员的动作，防守队员在一对一情况下必须顾及多种可能性。例如，不能盲目出脚断球，否则对方可以用简单的变向便将你摆脱。防守队员需保持与持球队员相同的速度，从而形成一对一的局面。只有在确定自己能碰到球的情况下，才去做断球动作。我们通过以下训练巩固"一对一"防守战术。

（1）诱敌深入。防守队员在一对一的情况下，可以尝试强迫进攻队员特定方向带球。如果防守队员侧身面对对手，可以有意留出一个方向引诱带球队员进入，然后便能更好地计划下一步防守策略。此外，防守队员还可以把对手逼到本方防守密集的区域或压迫至边路，从而增加断球的机会。防守队员通过位置和姿势将进攻队员压迫到特定的方向（见图3-28）。

图3-28 诱敌深入

（2）进球之路。在罚球区线上摆出4~5个小球门，每个球门由一名防守队员把守。进攻队员从中线开始带球，尝试从其中一个小球门突入禁区完成射门。防守队员争取不让进攻队员从自己的球门通过。为提高训练的紧凑性，可同时有多名进攻球员带球进攻。防守队员可站在球门前2~3米处，这样更容易压迫进攻队员（见图3-29）。

图3-29 进球之路

（3）欲擒故纵。进攻队员带球向球门推进，防守队员在进攻队员和球门之间倒着跑，并且故意在双腿之间留出空间,从而让进攻队员穿裆过人。一旦进攻队员掉入陷阱,防守队员必须迅速做出反应,转身把进攻队员挡在身后并冲向足球。在一对一情况下,防守队员可阻止对方射门,进攻队员必须在球门区前完成射门(见图 3-30)。

图 3-30 欲擒故纵

(4)门前对抗。把学生分成两组,各站一列,防守一方在球门旁边,进攻一方在禁区弧外。防守队列第一名队员给进攻队列第一名队员传高球并跑向对方,进攻队员停球后向禁区内带球。两名队员在禁区内形成一对一,防守队员尝试阻止或干扰进攻队员射门。成功断球或完成射门后,双方交换角色并跑到相应的队尾(见图 3-31)。

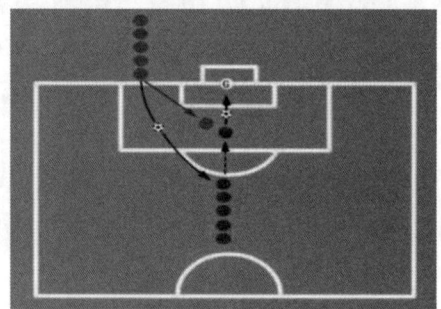

图 3-31 门前对抗

(5)小型一对一。把学生分两组,在限定区域内一对一。用标志物摆出两个小球门,两名队员在中间进行对抗,成功将对方摆脱的队员可完成射门。同时各组的下一名队员可上场按同样要求完成练习。所有队员都完成后,获得进球更多的一组获胜(见图 3-32)。

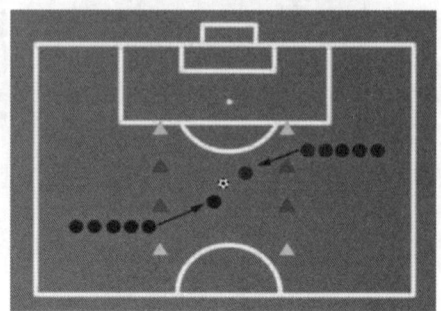

图 3-32 小型一对一

第四节　局部防守战术

基本的局部防守战术有：保护、补位、围抢、造越位等。

一、保护

保护是指在同伴紧逼控球的对手时，自己选择有利位置来保护同伴，防止对手突破的默契行动。为了防止一对一拼抢失败，防守队员之间必须进行互相保护。当距球较近的同伴逼抢对方时，距离稍远的队员应撤到同伴身后进行保护，因为对手一旦越过同伴可能随时补位。

二、补位

补位是指防守队员间的互相协助的防守配合行动。通过同伴间的相互补位，可以有效地遏制和破坏对方的进攻行动，并将被动局面转化为主动局面。

三、围抢

围抢指比赛中在某局部位置上，防守一方利用人数上的相对优势，同时围堵对方的持球队员，以求在短暂时间内达到抢断或破坏对方进攻行动的目的。

四、造越位

造越位是利用规则而设计的一种防守战术。是一种以巧制胜的省力打法，是防守的重要手段。但由于其配合难度较大，容易让对手钻空子，因此造越位战术往往为水平较高的球队所采用，但在一般比赛中这种战术不常用。

第四篇　体能及营养篇

第一章　身体素质

第一节　肌肉锻炼练习

在足球比赛中，球员需要一双训练有素的腿。同时，躯干、上肢、手臂力量也非常重要，能在对抗中起决定性作用。

练习案例

1. "仰式"足球

（1）练习目的：能够同时提高腿部和手臂肌肉，以及躯干肌肉的力量。

（2）练习方法：把学生分为两队，在一较小区域的两端分别摆出球门。所有队员必须腹部朝上、以四肢支撑向前移动，与常规比赛一样用脚触球。如果在比赛中无意间用手或胳膊触到足球，比赛照常进行，但手故意触球，则视为犯规，比赛暂停。

2. 晃动中接边线球

（1）练习目的：在锻炼协调能力的同时，锻炼腿部、躯干和上肢的肌肉。

（2）练习方法：在"平衡垫"或"平衡板"的辅助下，一名队员站立上面（或单腿站立地面），另一名队员在 3～5 米外以掷边线球的方式向其传球，队员接球后以相同方式将球掷回给队友。反复练习完成动作后，双方互换角色，继续练习。

3. 隧道接力

（1）练习目的：锻炼上肢肌肉、腰腹肌肉，以及身体协调性。

（2）练习方法：4～5 人为一组，各组队员排成一列侧卧，并用一只手臂撑地、顶起躯干，从而做出侧身单臂支撑的动作，形成一个隧道。第一名队员拿球沿隧道向后滚动，然后直接做侧身单臂支撑成为隧道的最前端。一旦足球滚到最后一名队员的位置，这名队员应当拿起足球跑到隧道前端并将球沿隧道向后滚动,以此类推,直到所有队员都扮演一遍隧道的第一名球员。率先完成的小组为胜。

4. 折返接力跑

(1) 练习目的:锻炼冲刺能力、启动速度和身体协调性。

(2) 练习方法:把学生分成若干小组并在起跑线后站立成纵队,向前一路设置标志物,标志物之间相距 2~3 米,数量与小组队员数量相同。听到指令后,第一名队员出发,绕过第一个标志物后冲刺回来,与第二名队员击掌后,站到队伍后面;第二名队员出发,绕第二个标志物折返,以此类推。最先绕完所有标志物的小组为胜。

5. 滚动的足球

(1) 练习目的:锻炼躯干肌肉、身体协调性和传球准确性。

(2) 练习方法:两人一组,每组一个足球,相隔约 5 米,相向而站。其中一人做前滚翻动作,并接队友传出的地滚球,需要在完成前滚翻后跳起,并将球传回给自己的同伴。然后,互换角色继续练习。在练习中要注意的是一旦有球员出现眩晕症状,应立即停止练习。

第二节 耐力训练

充足的体能是动作正确、与同伴配合对抗对手的基础。因此,耐力在足球运动中起到决定性作用。

练习案例

1. 多变方法提高体能

(1) 练习目的:提高耐力、球感和身体协调性。

(2) 练习方法:在体能训练中尽可能多地结合比赛中能用到的跑步方式,如横向跑动、短距离冲刺、射门前助跑、跳起头球,等等。同时,尽量结合球,进行有球训练。训练强度的基本原则:短距离,高强度;长距离,低强度。

2. 快速到达

(1) 练习目的:锻炼速度、注意力和反应能力。

(2) 练习方法:以冲刺跑的方式训练速度,同时也可锻炼反应能力和启动速度。如"碎步+冲刺",队员站成一排并在原地做高频碎步跑,听到"开始"的口令后快速完成规定的距离。

3. 改变线路慢跑

(1) 练习目的:锻炼耐力、注意力和身体协调能力。

(2) 练习方法:利用学校的环境,规划设置不同的路线,从而提高球员跑步训练积极性。校园内校道、小公园、运动场等不平整的路线对队员跑步的要求提高了，要求有更高的注意力和身体协调能力。

4. 障碍跑

（1）练习目的：锻炼耐力、注意力和身体协调能力。

（2）练习方法：障碍跑练习可以全面锻炼队员的身体素质，对身体素质要求比较高。如用标志物标记出一条障碍跑道，用塑料圈在场地上摆出跳跃区域，再用横杆和布条设置一块障碍区域，以此形成不同的跑道，可进行冲刺、倒跑及恢复性慢跑等练习。第一次跑的时候不带球，之后则可尝试结合球进行练习。绕过跳跃区域时应小心地将球向前轻推，完成跳跃后再重新开始带球。

5. 冲刺中射门

（1）练习目的：锻炼耐力、反应速度、冲刺能力和射门能力。

（2）练习方法：队员在罚球区外半圆形区域内无球慢跑，在禁区弧线上放置多个足球。教师喊出一名队员的名字后，向球门方向传出一球，被喊到名字的队员向球的方向冲刺并在最多两次触球后完成射门。

第三节　协调训练

增强身体协调性，可以更好地提高控球、踢球的能力。

练习案例

1. 跳绳练习

（1）练习目的：锻炼耐力和身体协调性。

（2）练习方法：传统的跳绳要求腿和手臂不断进行着快速的变化。在练习时，变化跳绳的方式，包括：单腿、侧身、不同节奏、移动脚步、脚趾着地、左右脚互换等。此外，队员可自备绳子，利用课外时间进行跳绳练习。

2. 网球练习

（1）练习目的：锻炼协调性和传球的准确性。

（2）练习方法：两人相向而站立并互相传球，同时两人手中需各拿一个网球，不断地从一只手中抛起并用另一只手接住，网球不得落地，同时队员要时刻注意队友传来的球，并准确将球回传。

3. 空中楼阁

（1）练习目的：锻炼协调性和注意力。

（2）练习方法：在一定区域内，每人手持一只气球，在进行穿插慢跑的同时杂耍气球，但是气球不能落地或飞出场外。教师发出不同的指令，让队员用身体的某一部位触球，如左手、手肘、膝盖、脚尖等。为增加难度，可以允许球员在练习时击打他人的气球。

第四节　弹跳训练

弹跳训练可以更好地赢得头球争顶的机会。

练习案例

1．深蹲跳练习

（1）练习目的：锻炼腿部肌肉，提高弹跳力、身体协调性。

（2）练习方法：传统的蹲跳起练习是最有效的锻炼方式，但是练习中必须注意双脚需要平行站立，同时不能下蹲太深。蹲起的升级训练是深蹲跳练习，方法如下：下蹲，使小腿与大腿呈90°角，然后用力起跳，争取达到最大高度、最长的滞空时间，同时可双臂上举以借力。

2．跳跃比赛

（1）练习目的：锻炼腿部肌肉，提高弹跳力、身体协调性。

（2）练习方法：球员面向大禁区线，沿底线排开。听到指令后第一批队员以大跨步的方式穿越罚球区。每个队员分别记录自己跳了多少步，步数最少者获胜。到达大禁区线后，小步慢跑至中线，并从场外返回到出发区域以准备下一轮比赛。为增加练习强度，可以改为双腿立定跳。

3．台阶练习

（1）练习目的：锻炼弹跳力和奔跑能力。

（2）练习方法：利用楼梯台阶做不同方式的训练，是提高弹跳和奔跑力量训练的理想方法。如逐阶的小步冲刺、双腿逐阶跳跃、单腿跨两阶、三阶跳跃、横向交叉步上下楼梯等。在进行横向交叉步上下楼梯练习时应当放慢速度、反复练习。同时应当注意每只脚在每一阶楼梯上都要停留，以保证脚的稳定。

第五节　变向训练

足球比赛时刻充满着变化，尤其是球权和球所在区域的转换。要求队员必须在大脑中瞬间完成对局面的判断及做出相应的调整，时刻做好变向反应。

练习案例

1. 折返跑

（1）练习目的：锻炼反应能力及冲刺能力。

（2）练习方法：用标志物划出六块有一定间隔的区域，队员沿底线分散站开。听到指令后快速向前冲刺，用手触到第一行标志物之间的线后冲回底线，再冲向第二行标志物，以此类推。折返 6 次后，第一个回到底线的队员获胜。此外，也可使用其他跑步姿势，如横向跑。

2. 迷宫冲刺

（1）练习目的：锻炼速度、反应能力和身体协调性。

（2）练习方法：在起点处放置一标志物，队员站成一路纵队。前方再放置 6 个标志物（标志物间相距约 3~5 米），并随机排序，球员按规定的顺序绕标志物冲刺。第一次练习时队员逐个依次完成。动作熟练后可适当增加难度，如在第一名队员尚未结束时，逐步让第二甚至第三名队员也开始练习。

3. 狩猎游戏

（1）练习目的：锻炼反应能力。

（2）练习方法：用标志物划定一较小区域，把学生分成 5~8 人为一组，两组之间进行游戏。分别站于两侧，一组为猎人，另一组为猎物，每位"猎物"要在裤腰内塞入一块容易抽出的布条。听到口令后双方各有一名队员进入场地，猎人要尝试将猎物身上的布条抽出，完成动作后双方再各派一名队员进入场地开始游戏，教师负责记录全组猎人扯下布条所用的时间。当最后一组"猎人"和"猎物"完成动作后，两组互换角色并开始下一轮练习。练习中，用时更短的小组赢得比赛。

第二章 营养及伤病

第一节 营养摄取——运动中

在训练或比赛中由于人体水分大量流失，应及时补充适量的水分或其他饮料，这样能有效地延长运动时间。

一、补充水分

儿童和青少年每天需摄入约 1.5 升水，以补偿体内正常的水分流失。在紧张的足球训练和比赛中，身体每小时大约还会比不运动时流失 1 升水。不仅是水分，而且流失的矿物质（如钠）也能通过规律的饮水进行补充。

二、树立正确的补水意识

正确的补水不仅能够增加耐力和肌肉力量，规律和充足的水分补充对于球员保持注意力、反应速度和协调性也非常有必要。因此，球员应当在比赛上半场、最迟在中场休息时就应开始补水。而少量多次地饮水更易吸收，此外还应注意饮料的温度不宜太凉，以免出现肠胃不适等问题。运动后可适当补充能量，如香蕉、燕麦棒、能量棒。

三、正确的休息

在训练间隙做适当的休息，能很好地恢复体力。休息分为主动休息和被动休息。中场休息属于被动休息，如运动员坐下来，放松肌肉并重新恢复体力。在下半场开始前 5 分钟应针对肌肉进行简单的热身，如慢跑、拉伸等；主动休息在速度和力量训练中非常重要，在训练的间隔可通过慢跑等活动促进体能和肌肉的恢复。

第二节 伤病处理——比赛中的 PECH 原则

一支球队的教练员和教师应当定期参加急救课程的培训，从而保证球员在受伤时能得到正确的处理。

P—休息（德语 Pause，意为休息）。

受伤之后如果球员有明显痛感，即便其愿意坚持比赛，也应当立即停止其参赛。保证身体的健康才是最重要的。为了保险起见，球员一旦出现伤病，应立即休息并评估伤病的严重程度，决定是否需要进一步的医学治疗。

E—冰敷（德语 Eis，意为冰）。

如果受伤部位没有出现开放性伤口的情况下，都可以考虑用冰敷的办法减轻疼痛。比赛中经常会用到所谓的"冰喷雾"，但目前它的效果仍有争议。更好的办法是从冷冻箱中取出冰袋进行冰敷。不过，必须注意冰袋绝不能直接接触皮肤，而应用毛巾或类似物品进行包裹，避免对皮肤造成损害。

C—压迫（德语 Kompression，意为压迫）。

如果能用纱布绷带将冰袋固定在患处，则能更好地发挥冰敷的作用。加以固定和压迫之后冰袋不会移位，功效也得到最大的发挥。

H—抬高（德语 Hochlegen，意为抬高）。

受伤部位一定要抬高，如放在长凳上。这样可以阻止血液流入受伤部位，以减轻伤口出现瘀血和肿胀。

第五篇 比赛规则篇

第一节 比赛场地

一、地面

最常见的类型是天然草坪，它并不是简单的草坪，而是一块经过修剪和维护的、地面平坦的场地。根据国际足球联合会（FIFA）的规定，国际比赛所用球场的草长应为28毫米。现在人们越来越多地建造人造草坪场地，但颜色必须是绿色。一般情况下，在人工草皮上比赛的节奏更快；而球员在红土上进行对抗时，发生损伤的风险更高。（球在人工草皮上比在天然草皮上流动得更快，也弹得更高）

二、界线

足球场地的界线对于正规的足球比赛来说不容忽视。边线、门线、大禁区线及小禁区线必须清晰规整。此外，还包括中线、中圈弧、禁区弧，球场底角也必需树立角旗。土场和天然草地的界线应在每次比赛前重新粉刷，遇有冰雪覆盖应用红土标示界线，有泥水坑的场地则可用标志物指明。（如果球场边线被雨雪冲淡难以辨识，必须用帽状标志物在距边线1米处整齐标示）

三、场地大小

1. 11人制国际比赛

所有线的宽度必须一致，不能超过12厘米。

场地长度（边线）：最短100米、最长110米。

场地宽度（球门线）：最短64米、最长75米。

2. 5人制国际比赛

所有线的宽度必须一致，不能超过8厘米。

场地长度（边线）：最小38米、最大42米。

场地宽度（球门线）：最小 20 米、最大 25 米。

第二节　比赛用球

一、球的大小

正式比赛用球必须符合如下标准：周长在 68~70 厘米，重量在 410~450 克。青少年球队的用球会小于这一标准，应根据年龄阶段选择大小。

二、球的种类

除了标准规格的足球以外，球队在训练时还会使用不同种类的球，以适应专项技术练习。例如，青少年球员会用软式排球使损伤风险最小化。室内足球的用球会带有特殊涂层，而现代 5 人制足球比赛的用球体积更小、弹性稍弱，因此也便于球员做出花哨动作。

三、未来的足球

足球比赛中经常会出现"门线疑案"——球是否已经进门。其实相关规则十分明确：只有当球的整体越过门线就进球，即便球体还有微小部分还没越过门线也不算进球。然而在实际比赛中，在球速很快或视角不好的情况下，裁判很难做出准确的判断。因此，植入芯片的高科技足球便应运而生，这种芯片足球会发送信号"通知"裁判球是否已经过线。

第三节　关于越位

一、越位哨

（1）一名球员越位。指在另一名球员从身后向该球员传球的瞬间，在这名球员与对方门线之间仅有一名或没有防守球员，该进攻球员便处于越位位置。如果进攻球员与对方最后一名防守球员处于平行位置，则不算越位；若传球时进攻球员还在本方半场，也不视为越位。（这仅是一个简单的案例说明，但并不是所有的越位情况都这么简单。）

（2）主动还是被动越位。不是每一个处在越位位置的球员都会被裁判员吹罚，只有当越位球员"主动"参与进攻时，防守球队才会获得间接任意球。所谓参与进攻是指接球或射门。但是当球员妨碍到对方球员或门将，如阻碍对方视线时，也会被认定为"主动"参与进攻。至于是否妨碍到对方球员，则由裁判员判断。

（3）助理裁判员协助。在职业比赛和高级别的业余比赛中，裁判在判罚越位时会询问助理裁判的意见。助理裁判（边裁）的任务除了认定出界、犯规和提示换人以外，主要就是做出越位的评判。因此，助理裁判在球场的一侧奔跑，更容易看清越位情况，当助理裁判判罚球员越位时，举旗示意。哨响之后，还需指明越位位置。并协助主裁判员维持比赛正常进行，确保比赛的公平、公正。

二、越位案例分析

1. 球路改变

一名处在越位位置的球员是否会被判罚，取决于传球者是谁。如果是本方球员，则为越位；如果是对方球员，裁判则不会吹罚。较为复杂的情况是：防守球员碰到足球，但只是轻微地改变线路，进攻球员依然接到了传球。在这种情况下，如果传球球员明显有意识地传给该进攻球员，裁判员还是会判罚越位；如果防守球员只是轻轻碰到了传给越位球员的球，裁判员依然会吹罚，尽管这个球"来自对方球员"。

2. 消极防守的隐患

当有球员受伤或不在场地内时，越位规则会变得很复杂。一种情况是，如果一名防守球员受伤倒地或暂时在底线外接受治疗，判罚越位时则不把该球员考虑在内。理论上其可以随时回到比赛中。另一种情况是，如果一名进攻球员在越位位置受伤倒地或者处在场地之外，同样不会吹罚越位，因为他属于"被动越位"。

3. 边线球与角球

在定位球罚球中，越位规则只适应于判罚任意球。角球、点球和中场开球时均不存在越位的问题，因为这时候进攻球员根本不可能位于球的前方。在发边线球与球门球时也不存在越位，因为角球的开球位置与底线的夹角为零度，这种情况下不会有任何进攻球员处于越位位置。

第四节　犯规处罚——不利变有利

当一名球员导致对方球员犯规时，便违反了足球规则，被侵犯一方必须得到相应的补偿，即一个有利的机会，即他们可以不受干扰地从犯规处开球。

一、直接任意球

当一方球员犯规、用手触球（门将在本方罚球区内除外）、朝对方球员吐口水或用球砸对方球员时，另一方球队会获得任意球机会。此时进攻球员可选择直接射门，球进门即视为有效。因此，也将这种直接射门称为直接任意球。还有另一种情况是：拉拽对方球员球衣也会被判罚直接任意球。

球进门有以下两种情况：

（1）如果直接任意球直接踢入对方球门，判为得分。

（2）如果直接任意球直接踢入本方球门，判给对方踢角球。

二、间接任意球

违反体育道德、做出凶险动作和越位都会被判罚间接任意球。此时球员若直接射门，进球视为无效，由防守方开球门球。例如，侮辱对方球员属于违反体育道德的行为，将脚抬至其他球员头部的高度，属于凶险动作，会被吹罚。

只有当球进门前触及另一名球员才视为有效并得到分数。

球进门有以下两种情况：

（1）如果间接任意球直接踢入对方球门，判为球门球。

（2）如果间接任意球直接踢入本方球门，判给对方踢角球。

无论是直接任意球还是间接任意球，踢球时必须将球放定。踢球球员在球未经其他球员触及前不得再次触球。

三、判罚点球

禁区内如果出现满足间接任意球条件的犯规时，会判罚禁区内间接任意球。但任何应当判罚直接任意球的犯规如果发生在禁区内，裁判员则会吹罚点球。罚点球时，助理裁判要协助主裁观察守门员是否提前移动及足球是否越过门线。

吹罚点球时裁判员会用手指向点球点。

第五节 个人处罚

裁判不仅可以对球队判罚任意球或点球，也可以对球员个人做出判罚。这就是所谓的个人处罚，旨在让球员注意自己的动作，恪守运动员守则。否则，还有被罚令出场的可能。

一、口头警告

口头警告还不属于个人处罚，只是一种简单的警告。当裁判员注意到有球员频频犯规或者出现非体育道德的行为时，不一定会立刻予以警告，也可以把球员叫到一边与之交涉。如果球员意识到自己犯规，则不必进行警告。裁判员的手势和表情在比赛中也非常重要，用以清晰地表明犯规情况的严重性。

二、黄牌警告

黄牌警告是对球员严厉的警示，是裁判要求球员注意自己的动作。黄牌警告是罚令出场的初步处罚。球员被黄牌警告后，如若再次出现相同行为就会被逐出场外。对于拉拽和违反体育道德的行为则必须出示黄牌。

三、罚令出场

罚令出场是对球员最严厉的处罚，针对球员多次出现非体育道德的行为、蔑视行为或严重犯规等情况。如果球员在同一场比赛中受到第二次黄牌警告，裁判员将对其先出示黄牌，再出示红牌罚令出场。如果球员做出踢或企图踢对方球员、向对方吐唾沫等动作及行为，裁判员会直接将其罚出场外。

第六节　规则示例分析

1. 防守球员在门线上用手挡住了对方的间接任意球，裁判员该如何判罚？

该防守球员在禁区内用手挡球，裁判员必须判罚点球。如果是直接任意球，防守球员破坏了一次明显的进球机会，还要受到红牌警告罚令出场。但间接任意球并不会直接导致进球，所以只给黄牌警告就可以了。

2. 中场开球时，前锋直接射门进球，裁判员该如何判罚？

进球有效。中场开球、球门球和角球都允许直接射门得分。

3. 球员在罚边线球时直接将球掷进了对方球门，裁判员该如何判罚？

界外球不可以直接得分。此时，防守球队可以发球门球继续比赛。但根据规则，如果守门员通过手抛球直接扔进对方球门，进球有效。但这只存在理论上的可能。

4. 进球之后，球员跑向球迷，脱掉球衣并爬上观众席围栏。此时裁判员必须怎样做？

首先，进球有效，所以对方球队应准备中场开球。然而进球的球员却不得不离场了：进球后脱掉球衣爬上围栏应当被黄牌警告。因此，两张黄牌累计为一张红牌，裁判员先出示黄牌随即出示红牌将该名球员驱逐出场。

5. 在11人制赛事中，当一方球队因为红牌或球员受伤只剩8名球员在场上比赛时，裁判员是否应终止比赛？

不需要。只有当一支球队不足7名球员在场时，裁判员才会终止比赛。如果一支球队"损失惨重"并且比分落后，该球队队长可向裁判员提出终止比赛的请求，裁判员将结束比赛。

6. 一名防守球员动作明显地拉拽着对方进攻球员的球衣，但该进攻球员依然继续前进并最终破门得分，裁判员该如何判罚？

进球有效。该防守球员因为拉拽对方进攻球员的球衣而得到一张黄牌。

参考文献

[1] 新华网. 习近平：开创我国体育事业发展新局面 加快把我国建设成为体育强国 [EB/OL]. (2017-08-27) [2019-12-03]. http://www.xinhuanet.com/politics/2017-08/27/c_1121550898.htm.

[2] 北京体育大学校长：中国青少年体质重要指标呈下降趋势 [EB/OL]. (2012-03-11). http://www.chinanews.com/gn/2012/03-11/3734001.shtml. 中国新闻网.

[3] 金鹏飞. 中国校园足球从点滴做起注册学生球员达19万人 [EB/OL]. (2014-01-17). http://www.chinanews.com/ty/2014/01-17/5749176.shtml. 中国新闻网, 2014.

[4] 中华人民共和国教育部. 2012年全国教育事业发展统计公报 [Z]. http://old_moe.gov.cn//publicfiles/business/htmlfiles/moe/moe_1485/201308/155798.html. 中华人民共和国教育部, 2013.

[5] 向常春, 龙立荣. 团队内冲突对团队效能的影响及作用机制 [J]. 心理科学进展, 2010 (5): 781-789.

[6] 国务院办公厅. 中国足球改革发展总体方案 [Z]. (2015-03-16). http://www.gov.cn./zhengce/content/2015-3/16/content_9537.htm.

[7] 何强. 校园足球热的冷思考 [J]. 体育学刊, 2015 (2): 5-10.

[8] 吴键. 校园足球：首先是教育，其次才是足球 [J]. 中国学校体育, 2015 (3): 14-16.

[9] 侯学华, 王彬, 薛立, 等. 校园足球核心价值体系构建 [J]. 山东体育科技, 2013 (3): 86-91.

[10] 侯学华. 全国青少年校园足球活动价值研究 [J]. 北京体育大学学报, 2012 (12): 77-83.

[11] 国家体育总局. 2014年全民健身活动状况调查公报 [Z]. (2015-11-16). http://www.sports.china.com.cn/quanminjianshenbaogao/detail1_2015_11/16/472008.html. 中国网, 2015.

[12] 毛振明, 刘天彪. 再论"新校园足球"的顶层设计：从德国青少年足球运动员的培养看中国的校园足球 [J]. 武汉体育学院学报, 2015 (6): 5-11.

[13] 何新生, 荣婧. 加强文化凝聚力建设 不断增强国家软实力 [J]. 人民论坛, 2015 (8): 166-168.

[14] 吴键. 校园足球：回归"真义"严防"跑偏" [J]. 中国学校体育, 2015 (11): 4-7.

[15] 傅亚雨. 我国为什么需要校园足球[J]. 人民教育，2014（17）：29.

[16] 刘延东出席全国青少年校园足球工作电视电话会议[N].（2014-11-26）. http://www.gov.cn/xinwen/2014-11/26/content_2783832.htm. 中央政府门户网站，2014.

[17] 王登峰. 加快发展青少年校园足球的愿景与使命[J]. 中国学校体育，2015（8）：9-18.

[18] 杨文轩，张细谦. 新常态下的体育与健康课程实施[J]. 体育学刊，2015（5）：1-4.

[19] 王崇喜. 球类运动：足球[M]. 北京：高等教育出版社，2005.

[20] 耿巍. 浅谈课堂游戏教学对小学生英语兴趣培养与保持的体会[J]. 科技创新导报，2012（27）：190

[21] 顾念慈. 足球游戏在足球教学中的作用及运用[J]. 河北体育学院学报，2002（3）：41-42

[22] 王健. 足球游戏在现代足球教学中的应用[J]. 四川体育科学，2007（4）：144-149.

[23] 黄宗. 游戏教学法在普通高校足球公选课教学中的应用与探讨[J]. 科教导刊，2010（23）：16.

[24] 柴渊. 足球游戏在足球教学中的应用解析[J]. 学术论坛，2015（19）：227

[25] 殷征辉. 足球游戏在教学中的运用[J]. 辽宁体育科技，2006（3）：91-92.

[26] 黄忠辉. 足球游戏在大学足球教学中的合理运用[J]. 当代体育科技，2013，（24）：62.

[27] 曾丹，邓世俊，耿建华. 中国校园足球指导员培训教程（试行）[M]. 北京：北京人民体育出版社，2015.

[28] 季红梅. 小学体育游戏设计与运用必须遵循的五大原则[J]. 体育师友，2017，（2）：43-44.

[29] 刘福林. 体育游戏（修订版）[M]. 北京：北京体育学院出版社，2010.

[30] 缪梅珍. 小学课堂体育游戏的设计与运用浅析[J]. 体育师友，2013（5）：8-9.

[31] 王步标. 人体生理学[M]. 北京：高等教育出版社，1994.

[32] 冯忠良. 结构—定向教学的理论与实践·改革教学体制的探索（下）[M]. 北京：北京师范大学出版社，1992.

[33] 皮连生. 学与教的心理学（第五版）[M]. 上海：华东师范大学出版社，2009：187.

[34] 姚梅琳. 学习规律[M]. 武汉：湖北教育出版社，2011.

[35] 焦尔当. 变构模型：学习研究的新路径[M]. 裴新宁，杭零，译. 北京：教育科学出版社，2010.

[36] 蓝维. 德育学科教学心理研究[M]. 北京：首都师范大学出版社，1998.